母である
あなたに
気づいてほしいこと

木村藤子

はじめに

この拝殿には、突然の不幸にもがき苦しんで助けを求める方、人生のどん底からなんとかしてはい上がろうとしている方、人に言えないような悩みにあえぎ、わらにもすがる思いの方など、実に様々な方が訪れます。

私は長年、そういった相談者と真剣に向き合い、神に仕える身として、神が見せてくれる真実の答えをお伝えする役目を果たしているわけですが、最近、私のもとを訪れる相談者にひとつの大きな変化が見られます。

たとえば、私が、お悩みについて、

「それはご先祖の障《さわ》りではありませんよ」

とお伝えすると、

「もちろんです。先祖の障りだなんて、そんなばかなことはありません。私は、自分のどこを直せばいいのか、それを教えてもらいたくて来たんです」

というようなことをおっしゃる方がとても増えてきたのです。これは、とても喜ばしい変化だと思っております。

ご先祖様がかわいい子孫を苦しめるようなことは滅多にあることではありません。病気を霊障《れいしょう》と勘違いされる方も以前は多く、このような誤解をなんとかして解きたい、これも私に課せられた役目であると思い定めておりました。

そこで、すぐに霊障を疑ってしまうのは、古いジンクスや拝み屋とも称される霊能者の誤ったアドバイスなどに問題の根っこがあるということを、私は非難されるのを覚悟のうえで、これまでの拙著ではっきり申し上げてきたわけですが、それを多くの方々が理解してくださってのことと深く感謝しております。

しかし、すべてをご理解いただいているわけではなく、より一層の努力が必要であることを痛感すると共に、与えられた使命をしっかり果たさなくては、という思いを日々、強めております。

私の使命とは、全国の方々が自らの欠点に気づき、それを直す努力を重ねることで、カルマによる苦しみや悩みを乗り越えるための道のりをみなさまにお伝えすることです。

その方法というのは、悩みや不幸を招いている真の原因は自分の欠点や間違った考えにあると気づき、その誤りを直すことです。

この「気づいて直す」ことについては、これまでにも書籍や講演などを通じて繰り返しお伝えしてまいりました。その積み重ねによって、「気づいて直す」ことの重要さについては、多くの方々に理解していただけている、という感触を少なからず得ております。ただし、そのような反響と同時に、

「どうしたら自分の欠点に気づけますか？」

「私はどこで間違えてしまったんでしょうか」

という切実な声もあります。

自分の欠点や間違いに「気づく」ことが思った以上に難しく、また、分かっていてもなかなか直せないということは、日々、相談者と神をつなぐ役目を通して、また、ひとりの人間として、私自身も十分に理解しております。

本書では女性の人生にスポットを当て、女性としてのあるべき姿、女性の人生の節目などをテーマに、これまでの拙著よりもより具体的なアドバイスを盛り込むことに力を注ぎました。

なぜなら、「なぜ、女性として生まれたのか」「魅力ある女性とは、どんな人を言うのか？　そのための大切な心得とは何か」「夫婦や家族との絆は結べているか」といったことなどを考えながら自らの人生を振り返ることが、カルマの解消、つまり、自分の欠点や誤りに気づく近道になるのではないか、と考えたからです。

また、「気づいて直す」ためのヒントだけではなく、女性ならではの美しい生き方の極意、日々の心の持ち方なども詳しく解説しています。

本書が、みなさまが幸せに生きるための手引きとして、少しでもお役に立つことを心より願っております。

木村藤子

装丁・本文デザイン　大塚さやか
帯写真　永井 守
編集協力　阿部敬子
編　集　外舘洋平

第一章

女性に生まれるということ

女性として生まれてきた意味

「女、三界《さんがい》に家なし」という諺《ことわざ》があります。今回、女性の人生をテーマにした本を書くにあたって、いろいろと思いをめぐらせていた折りに、この諺を思い出し、その意味を改めて辞書で調べてみました。

大辞林によりますと、三界とは仏教用語で、欲界・色界・無色界というこの世の三つの世界の総称で、いわば全世界のこと。女性の人生は、三従といって、幼いときは親に従い、嫁に行っては夫に従い、老いては子に従わなければならないとされるので、女性は一生の間、広い世界のどこにも安住の場がない、という説明がありました。

かつての封建時代、男尊女卑だった旧時代に女性の地位が低かったことを表した諺ですが、明治生まれの私の母親の時代にはまだこういった風潮が色濃く残っていたのではないかと思います。

その頃と比べて、今や時代は大きく移り変わりました。

男女同権ということで、職業を選ぶ際の選択肢も大きく広がりましたし、私のところにご相談に来る方々を見ていますと、ご主人にただただ従わなければならないといった立場にある主婦の方はほとんどいらっしゃらないように思います。それよりも、女性のほうが一家の実権を握っているケースのほうが多いくらいではないでしょうか。


先の諺は、女性として生まれてきたからには、どこにも安住の場はないと思って今の生活に耐えなさい、という教えとも言えるのですが、そのように考えますと、ひたすら耐え忍ぶしかなかった窮屈な立場、存在から、女性が解き放たれる時代になったわけですから、時代の変遷はおおいに喜ぶべきことと言えるでしょう。

しかし、その一方で、女性として生まれてきたという意識が薄れたり、さらに、かつてあった〝耐える強さ〟など、女性ならではの美徳までもが失われつつあるように思うのです。

ここでひとつ、みなさんに、質問したいと思います。

〝女性として生まれてきた〟ということを、普段、どれだけ意識していらっしゃるでしょうか?

「女性であることはもちろん間違いないけれど、普段は、ことさら女性であることを意識していない」

「若い頃はおしゃれやヘアスタイルを女らしくすることに一生懸命だったけれど、今は女性であることを、前ほど気にしていない」

といった人が多いのではないでしょうか。

「結婚や子育てを経て、60代に差しかかってからは、若い頃とは別の意味で、女性の人生ということに関心を持つようになった」

という人もいるかもしれませんし、もしかすると中には、

「女性として生まれてきて損をしたと感じたことが今までにたびたびあった。今度生まれ変わるなら男性がいい」
といった感想を持った人もいるかもしれません。

いずれにせよ、あまりにも当たり前のことであるがゆえに、女性であることをことさら意識しない、という人が多いのではないでしょうか。

では、なぜ、私がこのようなお話をするかというと、今回の人生で女性として生まれてきたことにはとても意義深いものがあるからです。

スピリチュアルの世界の視点で言うなら、これまでのいくつかの前世で積み重ねたカルマによる定めに従い、あなたは今生で女性として生を受けたわけです。

今こうして今生に生きているということは、自分のカルマの解消、つまり、悪い部分を直すためにこの世に生まれて来たわけですから、言い換えるなら、神様から「女性として修業をしてきなさい」と言われて、あなたはこの世に誕生した、とも言えるわけです。

そして、男性の人生も悲喜こもごもですが、女性の人生もまた悲喜こもごもです。ただ、女性のたどる人生の道は男性のそれとは違います。

そのことを念頭に置けば、人生における修業の中身も、まさに女性として生まれてきたからこそのもの、ということもその原点にあると言えるのではないでしょうか。

また、私はこれまで書籍や講演などをとおして、「自分の欠点や間違いに気づいて直して欲しい。魂の汚れに気づいて欲しい。そうすれば必ず幸せな道を歩むことができる」ということを繰り返しみなさまにお伝えしてまいりましたが、その欠点や間違いも、女性として生まれたがゆえの特質ということを考慮して考えてみると、より気づきやすいのではないかと思います。

つまり、女性として生まれてきたことを運命ととらえ、そうであるがゆえに「男性とは違うカルマの道のりがある」ことをしっかり意識して、それを乗り越えるための努力に力を注ぐことが、幸せな方向へ進むためには大切だということです。

とはいえ、女性として生まれてきたのだから、何があっても耐え忍びなさい。それが幸せになるためには必要なのですよ、というわけではありません。

冒頭に挙げた諺を思い出してください。

親や夫、子どもに従って生きる地位に甘んじるしかなかった時代ではなく、あなたは今生、女性としてイキイキ伸びやかに生きられる時代に生まれてきたのです。偶然にそうなったのではなく、これもまた、あなたの運命なのです。

そのようなことを踏まえ、この機会に改めて、女性の特質を見つめ直し、女性であるがゆえの葛藤や苦しみ、悲しみの中で、定められたカルマを乗り越えるためには、どんな生き方、行い、言動、考え方が必要なのか、また、注意すべきところはどんなところか、といったことを考えていただきたいと思います。

カルマで決まる運命の不思議

女性の特質について話を進める前に、ここで〝カルマ〟と〝運命〟について説明したいと思います。

というのも、これまで出版してきた書籍でもご説明してきましたが、カルマと運命の違いや正しい意味が今ひとつ分からない、とおっしゃる方がまだまだ多いように見受けられるからです。

ここのところをしっかりご理解いただくことが、カルマとしての欠点に気づいて直し、幸せな道へと進むための肝心なポイントですので、ここで改めて説明したいと思います。

まず、カルマというのは、何度も生まれ変わりを繰り返してきた輪廻転生の中で、今現在までにあなたがした、すべての言動のことを指します。

〝業〟と訳されるために、悪い言動ととらえられがちですが、良い行い、善き言葉も含まれます。要するに、カルマには、〝良いカルマ〟と〝悪いカルマ〟の両方があるわけです。

また、目に見える行いだけではなく、心の中で密かに思ったこともカルマとして積み重なっていきますので、顔では笑っていながら「なんて憎たらしい人なんだ！　これからは会ったら無視してやる！」「絶対に許さない！」といった憎悪、嫉妬、妬みといった邪《じゃ》な思いも、「悪いカルマ」として加算されていくわけです。

人は亡くなれば肉体は滅びますが、その人の核である魂は永遠に存在し続けます。ですから、この魂に、あなたの行いと精神の履歴がもらさず刻まれていく、とイメージすると分かりやすいかもしれません。

このカルマによってもたらされるのが〝運命〟です。つまり、あなたの魂に刻まれたカルマにふさわしい人と出会ったり、出来事に遭遇していくというわけです。

カルマで誤解されやすいのは、カルマを悪いもの、罪業とのみとらえがちな点です。

先日も私のところに、

「この間の大震災は、人々が持つ『悪いカルマ』が団結して引き起こしたものではないのですか？」

といった質問がありました。

この質問は、人間のなんらかの悪い業が集団となると、今回のような震災や事件、事故を引き起こすことがあるのではないか、といった意味ですが、大震災は〝悪い業を持つ集団〟によって起きたのではなく、地球の地形の関係で大地震が発生し、それに伴って大津波が起こったのであり、ものの考え方自体が違うように思います。

人間にはそれぞれ、生まれる前から決められていた運命があります。ですから、どのような形で亡くなるかも人それぞれ。このような死に方は不幸であるとか、こう死ぬのが理想といった差別はないのです。

もちろん、突然の事故や天災で家族を亡くされた方はたとえようのない苦しみ、悲しみを感じるでしょう。しかし人間は、生まれ落ちた瞬間からカルマと共存していきます。また、神の視点から見れば、家族は共有する部分が多いカルマでつながれていますから、そのような事故で家族を失うのもまた、残された家族が背負った運命、乗り越えるべきカルマであるとも言えるのです。

そして、カルマには〝良いカルマ〟もあることを忘れないでください。

たとえば、何かのトラブルで窮地に陥ったときに、まるで救いの神のような人物が現れて、あなたのトラブル解決を手助けしてくれたとしたなら、それは、あなたの〝良いカルマ〟がもたらした出会いと言っていいでしょう。

いわば、あらゆる人間関係はその人が背負ったカルマによってもたらされるのですが、ことにカルマによる結びつきが強いのは夫婦や親子、兄弟姉妹といった家族関係です。

家族については第三章で詳しく解説しますが、家族でなんらかのトラブルが生じた際は、たとえ相手に非があると感じたとしても、相手をただ一方的に責めるのではなく、共通するカルマを背負っているために生じたトラブルなのではないか、という視点でとらえてみてください。

そして、自分のほうにも反省すべき点、直すべきところがあるのではないか、と冷静に考え、気づくことがあったら、その部分を直していくのもカルマを解消していくうえではとても大切なことです。

それこそが、問題解決への手だてだということをしっかりと理解し、なんらかの苦しみや悲しみがあったら、その原点に何か間違いがなかったかどうかを突き止めていく。そうやって間違いに気づいて直すことを繰り返すことによって、カルマが解消されていくわけです。

もちろん、気づいて直すことは口で言うほど簡単なことではありません。でも、そのようにしてコツコツとひとつずつ悪いカルマを解消していくことが、幸せへの道を歩む、ということなのです。

人間は誰しも、カルマを乗り越えるために大なり小なり苦労しているものです。そのことにも気づかず、自分が原点で間違いを犯していることや、カルマを乗り越えられないことによって苦しみが増していることが分からずに、また、

自分の我欲やワンマンな行動によって信用を失い、それが苦しみを招いている
ことにも気づけないまま、何かしら苦しい出来事があるたびに、

「これは運命だから仕方がない」

「なんて悪い運命のもとに生まれたんだろう」

といったひと言で片づけ、なんの努力もせずに、ただただ我が身の不幸を嘆いたり、腹を立てる人がいますが、それではなんの解決にもならないのです。

人がこの世に生を受けるのは、背負ったカルマを自らの手で刈り取るため。

「カルマなくして転生なし」というのが神の摂理です。

ですから、〝なんの努力もいらない幸せな運命〟を与えられている人などいないわけです。それを理解できずに、人生に訪れる困難を人のせいにして、あらぬ罪をかぶせて苦しめたり、他人の人生の道をふさぐようなことをしてしまうと、やがて因果応報で、ご主人が愛人を作ったり、子どもに問題が起きるなど、人生の前途に絶望を感じるような生き様となってしまいます。

人生の困難は自らのカルマを刈り取るためにこそ与えられたのだ、と真摯《しんし》に

受け止めることができずに愚かな行動に走ってしまうのは、不幸へのトンネルを前進していくようなもの。カルマを増やしてさらなる応報を得るというのは、愚か極まる人生と言えるのではないでしょうか。

苦難にあったら自らの行いを正していく。そうすれば、運命は自ずといい方向へと向かっていくのですが、正しい判断力や知識が不足し、傲慢《ごうまん》すぎると、歯止めがきかずに不幸の落とし穴にはまってしまうのです。

つまり、起こる出来事は変えられなくても、そのあと、どのように対処するかはその人次第。この先の未来を明るいものにするために大切なのは、他人を変えることでも、世界を変えることでもなく、自分自身を変えることにあるのです。

もちろん、自分自身を変えるというのは、そうたやすいことではありません。時には大きな苦しみを伴うこともあるでしょう。

しかし、気づいたときに自分の人生を見直し、勇気を持って変えなければ、運命をいい方向に変えることはできません。来世、必ず転生するわけですから、それこそ、さらなる厳しいカルマが待っているわけです。

その例として、私自身のことをお話したいと思います。

私は透視能力と除霊力を授かり、神の部下としての役目を日々の仕事として

いますが、このように生きることは、私自身の前世のカルマでもあるわけです。

人を救う役目とはいえ、その人の心配や苦労を解決するには、問題の根本に気づかせる必要があり、そのためには、〝人から言われたくないような欠点〟を言わなければなりません。そのような〝人が嫌がるような言葉を言わなければならない〟という私のカルマもまた、なんとつらいカルマなのかとしみじみ考え込むこともあります。

若かりし頃の私は、〝神と関わる〟自分の運命を受け入れることがなかなかできませんでした。

というのも、私の母も霊能者であり、私が生まれる前から神に仕えるお役目についていたのですが、その母を間近で見ていた私にとって、神に仕える運命

とは、「人の心の虚《むな》しさ、人の心の愚かさ」と直面すること。そのことに辟易《へきえき》した気持ちを抱えていたのです。

神との交流という役目を背負って生きることがどれほど嫌だったかは、筆舌に尽くし難いものがありました。しかし、いくたびもの不思議な出来事が重なって、死ぬことさえも、この道から逃避することさえも許されない我が身の運命を深く悟ったのです。

そして、34歳のときに、新たに生まれ変わるほどの気持ちで二代目の霊能者として生きる覚悟を決めたのですが、そのとき神から言われたのは、「お前は神の世界で罪を犯し、人を救うことで罪を償う約束をしたのだぞ。しっかり任務を果たして帰ってくるがよい。待っているぞ」という言葉でした。

ただ、この言葉を聞いたあとでさえも私は、「やればいいんでしょう。人を救えばいいんでしょ！」といったぞんざいな気持ちでしぶしぶこの道に進んだのです。そんな跳ねっ返り娘のような気持ちの私を、神は真綿で包むような寛大な気持ちで見守ってくださいました。そのことを思うと、今さらながらに、謝りきれないほどの申し訳なさを感じてしまいます。

その後、自分の使命に全力を尽くすことを神に誓ってからは、日々、自らの行いを厳しく見直し、改めることで心の穢《けが》れを落とし、日本全国の悩める人々のお役に立つべく、神の部下としてのお役目を一心不乱に務めてまいりました。

その結果、少しでも多くの方々に「気づきによる幸せの道」をお伝えしたい、という私の願いが叶って、念願の書籍を出版する道が拓《ひら》けたのです。

カルマによる苦難を乗り越えるのは、どなたにとっても苦しい道のりです。でも、カルマをひとつずつ解消するごとに運命は必ず明るい方向へと向かっていきます。

カルマの解消の原点は〝気づいて直すこと〟と〝素直に自らの心を反省して謝ること〟です。そこから必ず、幸せへの新たな芽生えが生じていくのです。一生懸命に人生を歩む人を、神は決して見捨てることなく救い上げてくださいます。あれほどまでにこの道を嫌った私のことも、神は暖かく見守ってくださり、ここまでこれたのですから。

男女の特質と役割の違い

では、話をもとに戻して、女性の特質を見ていくことにしましょう。

そのためには、男女の差を見ていくと分かりやすいのではないかと思います。たとえば、古代中国で生まれた思想に陰陽五行説というものがあります。この思想のもとになっている陰陽説は、この世にある森羅万象を陰陽に分けてとらえるのが特徴なのですが、それによると、男性は陽、女性は陰に分類されると言われます。

この陰陽の特色を見てみますと、陽は、攻撃的、社会的、活発的、積極的、物質的、肉体的、動物的、剛といったものが挙げられます。これに対して陰は、穏やか、防御的、消極的、精神的、植物的、柔かいといった特色が挙げられます。

これを見ても、男女は対照的な特質を持っていることがよく分かるのではないでしょうか。

体格、体力の面でも歴然とした差があります。腕力で男性にかなう女性はそういないというのは、私が説明するまでもないでしょう。

長年、多くの相談者とお会いして感じると同時に、私自身が年を重ねてきての実感でもありますが、やはり、女性はある意味、弱いのです。言い換えるなら、強さの種類が男性とは違うわけです。

このことを端的に表しているのが「女は弱し、されど母は強し」という言葉ではないでしょうか。この言葉には、女性は母親になると、子どもを守るためにどんな困難にも耐える強い力を発揮するようになるという意味が込められていますが、これはつまり、女性は守る強さに優れているということです。外敵を倒す攻撃力に優れた男性の強さとは違うのです。

ですから、この強さの種類の差を考えずに、ただ単純に男性と伍《ご》して闘おうとしたり、男性を従わせることに躍起になったりしてもうまくいかないわけです。

昨今は女性の社会進出も活発になり、学業や仕事の能力においては、男性を凌《しの》ぐ女性もたくさん出ています。このこと自体は非常に喜ばしいことですし、男女が互いに切磋琢磨《せっさたくま》しながら成長するのもいいことだと思います。

そのように学校や職場で、女性が男性と肩を並べて競い合うような場面も多くなりましたが、では、心のほうはどうでしょうか。いくら時代が様変わりしようとも、男性の心と女性の心が違うように、男女の本質が変わることはないのです。

そして、男女の特質の差を考えますと、生活に関わるところでは、上手に役割分担をすることが自然ですし、やはり互いにとって幸せな形とも言えるわけです。

先ほど延べたように、女性は家や子どもを守る力、男性は外敵を倒す力を活かすことが、役割分担をするうえでの基本と言えるでしょう。

つまり、男性は職場や家庭において、大黒柱として一家を支えつつ、外敵から家を守る役目を担い、女性は男性を支えながら、家庭を切り盛りする役目を担うのが自然な形と言えるのではないかと思います。

最近では、男女の役割が逆転しているようなご夫婦もいらっしゃいます。たとえば、奥さんが一家の働き手として外で仕事をして、ご主人が主夫となって家事一切を切り盛りする家庭もありますが、おふたりが上手に役割分担できていれば、このような形でも私は問題ないと考えています。

要は、互いの特質を知ったうえで、いたずらに張り合うことなく、それぞれの個性、能力を活かして男女が助け合って生きていくことが人として本来あるべき姿だということです。

女性としての心構え

さて、男性と女性とでは特質が違い、それに伴って役割も異なりますが、性格面でも差があります。そのため、ことに恋愛や結婚といったシーンでは、男性は女性の気持ちが分からず、女性も男性の心が理解できない、といったことでトラブルや悩みが生じることがよくあります。

そのような男女がひとつ屋根の下で暮らすわけですから、お互いの協力が不可欠となります。ですから、結婚というのは、ある意味では共有するカルマを持つ魂の共存ですから、それ自体がひとつの修業とも言えるのではないかと思います。

では、そのようなカルマを共有し合うために家族となったあなたに、家庭における女性としての心構えについて説明していきましょう。

ここでは、より分かりやすいように、絶対にしてはいけないことを具体的に挙げていく形で説明していきたいと思います。

●夫の悪口はほどほどに

そのご主人を選んだのは、その人自身ですし、カルマのご縁で深く結ばれた間柄です。夫婦関係をうまく築けていない不満から悪口が出るのでしょうが、夫婦関係がうまくいっていないのはご主人だけの責任ではなく、妻のほうにも責任があるわけです。まずはそこに気づいて、「自分に落ち度はなかったか」ということを深く考えることも大切だと思います。

中には、友達と喫茶店でお茶を飲みながら、まるで笑い話でもするように「うちの主人は○○で、ダメ亭主なのよ」というようなことを話してストレスを発散させる人がいますが、それを聞いた友人は果たして正しいアドバイスをしてくれるでしょうか。あるいは、仮に親身にアドバイスをしてくれたとしたら、あなたはそれを素直に聞くことができるでしょうか。そういったことがきっかけとなり、当初との思いとは逆に、友人との仲がしっくりいかなくなる可能性もありますので、気をつけてください。

●子どもの前で夫の悪口を言わない

たとえ妻が夫のことをよく思っていなくても、子どもにとってはかけがえのない父親です。そんな子どもが、たとえ自分の母親であっても父親の悪口を言っていたら、いい気はしません。子どもに対する配慮に欠けた行動です。

さらに、子どもを味方につけて一緒になってご主人の悪口を言う人もいますが、〝成長の段階でまだ知識や判断力が不十分〟な偏った感覚である子どもが、日常の中で繰り返し父親の悪口を聞きながら、幼稚園、小学校、中学校……と育っていくとどうなるでしょうか。そういう子どもは、学校に行っても恐い者なし（教師への反発など）になります。さらに、母親が作り上げた〝一家の長を見下す環境〟に対する慣れが、やがて社会人となると上司への反発、ひいては孤立への道へとなりかねません。

そのような生活環境で、やがて子どもが思春期、成人期に差しかかって登校拒否、家庭内暴力などで母親ひとりの手に負えなくなり、子育てにご主人の協力を得ようとしても、そのときお子さんの心の中では父親の権威はすでに下がっていますから、うまくいきません。「お父さんの言うことを聞きなさい」などと言っても、「お母さんは今まで悪口ばっかり言ってたじゃないか」と反発されるだけで、なんの効力も持たなくなっているのです。

ひいては、お子さん自身がやがて結婚し、家庭を持つ際にも、良き父親像を描けないといった弊害をもたらすこともありますし、目上の人を尊敬する心が育っていなければ、社会に出ても何かと苦労をすることが多くなるのではないでしょうか。

このように、一生懸命子育てに力を入れたつもりが、気づかぬうちに数々の悪影響を及ぼしていることをしっかり認識してください。

そして、女性として、また母として、〝一家の長〟という家族の中心人物を支える、つまり、父親を長とした〝ピラミッドの形を守る〟ということに目を向けて欲しいと思います。これは、父親を重んじ、父親の不足な部分はさりげなく母親が助け、父がいなければ母を重んじ……という、家族のあるべき姿のことです。ただし、家族から重んじてもらえる行動を、自らが日々、とっているか否かも忘れてはならない大切なことなのです。

●夫を立てる

私達女性は、家事の主導権を握っています。そうであるがゆえに、自動的に家族の主であるという感覚を潜在的に抱いてしまう方が多いのではないかと思います。

そのため、結婚当初は「ご主人様」と大切にしてきたのに、いつの間にか前述したような慣れの環境の中で、やがてどのような方向に向かうかは、その人の心の持ち方次第というところがあります。〝夫の面子《めんつ》をつぶしてしまう妻〟になるか、〝夫を立てつつ、陰で上手に夫を誘導していく妻〟になるか。女性としての知識や常識をどれだけ得ているかで、大きく差がついてしまいます。

みなさんは、夫を立てることをしない女性、ご主人の面子をつぶすようなことを人前で平気で言う奥さんを見たとしたら、一体、どんな気持ちになるでしょうか。

反対に、さり気なくご主人を立てるような言葉を言える女性を見たとしたらどうでしょう。そのように想像してみると、より分かりやすいのではないかと思います。

また、家庭の中においても、ご主人に対して自分の意見を強くぶつけたり、直接的な言葉で怒ってしまう妻よりも「ねえ、ここはこうしたほうが、周りからのあなたの評価が上がると思うんだけど、どうかしら」といった言葉でさり気なく誘導していく妻のほうが、賢い妻と言えるのではないでしょうか。

そういった会話を積み重ねていくうちに、ご主人は妻の判断の確かさを理解し、聡明な妻の存在価値を大いに認めたり、妻の言動をうれしく思うようになるのではないかと思います。

一方、ご主人の側にも、奥さんに対してこれは絶対にやってはいけない、ということがありますので、それもお伝えしておきましょう。

●人前で自分の妻を叱りつける

私のところにはご夫婦で相談にいらっしゃる場合もありますが、そのときに、「何をやってるんだお前は！」「本当にお前はだめだな」という言葉を頻繁《ひんぱん》に口にするご主人がいます。

こういう場合、横に座っている奥さんは身を縮めてうなだれるばかり、といったことが多いのですが、こういうご家庭で問題がある場合、往々にしてご主人に原因があるケースが多いのです。

ご主人はそもそも、妻を怒鳴りつける自身の姿を周囲に晒《さら》すことで、周りの人が身の置き場のない気持ちになることにまったく気づいていません。また身内である妻を怒鳴ることで自分を優位に立たせるという、愚かで独りよがりな感覚自体、知識不足そのものです。そういったことにさえ気づけないのです。この拝殿で、妻も不出来であれば、夫も不出来といった、あまりにも残念な光景を目にするたび、とても淋しい気持ちになります。

前述の〝夫を立てる〟妻としての心構えと同様、夫側も、不足な妻を陰でエスコートしつつ、夫婦として共存する道を歩んで欲しいと思います。そのようにして欠点を直していくことが、とても重要なことと思います。

●家のことを何もしない

奥さんが専業主婦でご主人が働き盛りで残業続きというような家庭では、ご主人の協力がないのも仕方がないと思いますが、共働きの家庭ではご主人の協力は必要なことではないでしょうか。

奥さんの負担が大きすぎて、それがもとでストレスが高じ、夫婦関係にヒビが入るといったケースも多く見ています。

共働きの場合、妻が働くのは現在の生活のため、または、将来のためなど、いろいろな理由がおありでしょう。しかし、行き着く目的は同じなのに、なぜケンカが起きるのか……。それは、お互いの気持ちや立場を理解してあげられず、自分本位な感情論や考え方の愚かさから生じる場合が多いのではないかと思います。〝良い妻だけれど、不器用な妻〟、あるいは〝愛情のある優しい夫なのに、時として自分のことばかり考えて、妻の心を思いやってあげられなくなる〟など、ちょっと我が心を顧みてみれば〝解決できるケンカ〟を継続しているのでは？　と思うことが多々あります。

まずは、お皿を片づけるなど、簡単なことから少しずつ手伝っていくと大変喜ばれるのではないかと思います。家のことをひとつひとつ助け合い、同じ目的達成のために前進していくのは、奥さんのためだけではなく、ご主人自身が定年後にいきいきと暮らすためにも大切なことです。

いずれにせよ、本質の違う男性と女性は持ちつ持たれつの関係。家庭や職場において、男性を上手に立てながら、役割をうまく分担するようにもっていくのも、女性としての大事な心構えのひとつと言えるのではないかと思います。

第二章
女性らしく美しく生きるということ

本当の女らしさとは

第一章では、男女の違いなどについてご説明しましたが、ここからは、さらに、女性としてのあるべき生き方、人生というものを深く考えていきたいと思います。

まず、みなさんは〝女らしさ〟ということをどのように考えていらっしゃるでしょうか。

〝女らしい女性〟という言葉を聞いたときに、かわいい洋服が似合うおとなしい女性、言いたいことがあっても我慢する遠慮がちな女性、どこか頼りない風情でナヨナヨとしなを作って歩くような女性を思い浮かべる人もいるかもしれません。

でも私は、〝本当に女らしい女性〟とは、芯の強い、判断力や知識を持ち合わせた女性のことを言うのではないかと考えています。

いわば、かつての日本女性が持っていた、凛《りん》とした〝強さ〟。耐え忍ぶ〝強さ〟。縁の下の力持ちとして日々働く〝強さ〟。ちょっとやそっとのことでは音を上げない〝強さ〟。そういった強さを秘めている女性こそが、〝本当に女らしい女性〟と言えるのではないかと思うのです。

これは、第一章で触れた、かつてあった日本女性の美徳とも言えるところですが、では、このような強さを備えた女性になるためには、どうしたらいいのでしょうか。

ひと昔前の女性は、社会的立場も弱く、知識も今ほどはなく、また、ごはんを炊くのも、料理を作るのも、お風呂を沸かすときにも薪を使い、洗濯は井戸の水で手洗いです。特に冬は今のような暖房器具もなかったわけですから、大変だったでしょう。

そういったことがすべてボタンひとつでできる便利な世の中になった今は、年齢に関わらず、学ぼうという気持ちにさえなれば、いくらでも知識を身につけることができる時代になりました。幅広い知識を学ぶことで判断力を養い、また、自分を厳しく律する心を育てて、女性ならではの〝強さ〟を身につけていって欲しいと思います。

また、女らしい女性には、芯の強さのほかにも、素直な心、よく気がついて周囲を見ることができる配慮が備わっていることも大切な要素だと思います。

そして、実は男性側も女性にそういうものを求めています。上辺の女らしさではなく、中身のある女性です。たとえば、日常、聡明な中にも立場をわきまえた会話ができ、必要なこと、大切なことはきちんと言える、そんな頼もしさ、知性、しっかりした判断力や行動力を秘めた女性。そのような女性を男性は求めています。

「内助の功」などと言うと古くさいと思われそうですが、世の中がどんなに移り変わっても、また、このところ男性が弱くなったと言われますが、男性は女性に尊敬して欲しいと思っているのです（女性も男性にそう思っていますが）。また、何か相談事があるときはアドバイスもできる女性であって欲しいとも思っているのではないでしょうか。

たとえば、ご主人や恋人が、会社でどうも人間関係がうまくいかないというような話をしたとき、ただ相槌を打って聞くだけでなく、

「あなたもちゃんとやっていると思うけれど、上司に言ったあの言葉、もうちょっと違う言い方をしたほうがよかったんじゃないかしら。私はそう考えるけれど、ちょっと考えてみて」

などと優しくアドバイスしてあげられるかどうか。そういうことの繰り返しで、ふたりの信頼関係というものを築いていくことが大切だと思います。

男性の心の中に、「頼りになるな。ありがたい」「ああいう考え方もあるんだな。いいこと言うな」という思いが積み重なっていくごとに、信頼の絆も深まっていくことでしょう。

また、結婚すると、亭主たるもの妻のファッションやお化粧には無関心だと思っている女性もいるようですが、それは間違いだと思います。

男性はいちいち口には出しませんが、見るところはしっかり見ています。それに、ご主人は会社への行き帰りの電車の中や職場、取引先の会社などでいろいろな女性を見て、ファッションや立ち居振る舞いなど、意外と様々なことに目を留めている場合が多いのです。ですから、夫に言われなくてもしっかりと身の回りのことに気づき、目を配れる感性を備えている妻であると、夫として安心していられるのです。

ですから、たとえ長く連れ添っているからといっても、奥さんが家でいつも同じ洋服ばかり着ているというのは、季節感覚が乏しいのもさることながら配慮不足。どんなときも常に素顔というのも考えものだと思います。ジーンズなどのパンツスタイルは便利ですが、たまにはスカートを履くとか、家の中でも時には薄化粧をするような配慮をして欲しいと思います。これも女らしい配慮のひとつと言えるのではないでしょうか。要するに、日常の中に緊張感がないのも程度問題だということです。

家の中のことで言えば、インテリアに変化をつけるのも女らしい気配りと言えるでしょう。

お金をかけて大きく変えなくても、たとえば家具の配置を変える、玄関のインテリアを変える、毎日使っている食器を変える、夏と冬でカーテンを替えるなど、部屋や家の雰囲気を少し変えるだけでも、思った以上に気分が変わります。

年がら年中同じでは、生活がマンネリ化します。ときどき生活に新風を入れて夫婦関係や生活に潤いを与えるのも、女らしい心遣いのひとつ。そういったひと手間を忘れるのは、何はさておき、緊張感がなくなっている証拠と言えるのではないでしょうか。

魅力ある女性とは

「魅力ある女性はどんな女性ですか？」と問われたら、私は、「知識と品格のある女性」と答えたいと思います。

知識についてはこれまで述べてきましたが、では、品格があるというのはどういうことかというと、まず、その場に合った会話や行動、判断力などを積み重ねていくうちに、自然と備わっていくものだと思います。

毎日ダラーッとマンネリ化した生活にあぐらをかくような気持ちでいては、緊張感も失せ、品格も身につきません。歩き方ひとつとっても、ダラダラしたものになってしまうのではないでしょうか。つまり、場違いなことをすると品格を失ってしまうわけです。

たとえば、お葬式のときは黒い服を着てヘアやお化粧は控えめにしますが、場違いと言えるのは、黒い服でも胸元が大きく開いているものやミニ丈、ノースリーブのもの。また、キラキラしたアクセサリーやネイルはいけない、というのは誰でも分かるでしょう。

また、ある程度の若作りファッションは好感を持てますが、40歳を過ぎた人がお尻が出そうなくらい短いミニスカートと、胸が丸見えになるほど衿ぐりが大きく開いた派手な色のブラウスを着ていたらどうでしょうか。

同じ女性であってても目のやり場に困るような露出度の高い洋服を着ている人を見て、素敵だと思う人は少ないと思います。

このように、おしゃれの面でも品格というものが問われます。若作りも程度問題で、要はバランス感覚です。

もちろん、派手な色の洋服がいけないと言っているわけではありません。たまに派手な色の洋服も新鮮でいいものですが、そういうときは、ほかのところをシックに抑えるといった工夫をすればいいわけです。

それから、表情や会話にも、思った以上に品格というものがにじみ出ます。

誰かから注意されたときに素直に聞くことができず、にらみつけるような表情をしたり、物事が自分の思うように進まないときにふてくされたような表情になったり、自分が伝えたいことを相手が理解できるように言えないようでは、品格があるとは言えないでしょう。


では、品格ある女性になるためには、どうすればいいのでしょうか。

そのために大事なことはと言えば、これもやはり勉強です。たとえば、本や人の話から学んだり、周囲の人の間違った行動を見て自らの行いを反省するといったことを日常の中で心がけてみてください。

このようにして、知識、判断力、理解力を養っていくと、内側から魅力が出るようになっていきますが、それだけでなく、いざというときにも適切な行動がとれるようになります。すると、そういった自信が、品格としてその人からにじみ出るわけです。

決して一朝一夕では身につけることはできませんが、逆に言うなら、努力次第。つまり、品格というのは、日頃の心がけ次第でいくらでも高めていくことができるわけです。

また、立ち居振る舞いが美しいかどうかも、品格を左右する大事なポイントだと思います。

同じような所作をしているのに、美しく見える人と見えない人がいますが、立ち居振る舞いが美しい人はどこが違うのでしょうか。

実は、そういう人はいつも神経を使っているというか、自分の周りに対して気配りができ、緊張感を持って過ごしているのです。そして、働いているときでも家事をしているときにも、常に頭を使って動いています。

緊張感を持って生きている女性は、たとえ年齢とともにスタイルが衰えたとしても、身体の線がだらっと見えません。80歳になって顔にシワが増えても、どこかキリッとしたものがあります。

これは、日頃、家でお菓子などを食べるときに、だらっとソファに寝転がったまま食べているか、テーブルについてきちっと背筋を伸ばして食べているか、あるいは、きちんと正しい言葉、美しい日本語を使って話しているかどうか、ということなどで品格の違いが出てきます。

いくら上辺を着飾っても、外出先でいくらつつましやかな素振りをしても、この違いは波動となってその人からにじみ出ます。

たたずまいが違いますから、見る人が見れば、その人とすれ違っただけでも品格が漂い、普段、どのように暮らしているかは一目瞭然なのです。

これは〝心のあり方〟の問題ですから、どんな仕事をしているとか、お金持ちだとか、そういったことはまったく関係ありません。

また、品格がある方のお子さんは、きちっとした会話ができますし、行動もしっかりしているため、見ていて安心感があります。

立ち居振る舞いが美しくあるためには、エチケットがしっかり備わっていることも大切な要素です。エチケットに関しては、次の項で詳しくご説明したいと思います。

美しく振る舞うエチケット

女性を美しく見せるエチケットとは、いわば、日本女性として身につけたい礼儀作法やマナー。時代の移り変わりと共に、いつの間にか忘れ去られてしまっているものもあるのではないかと思います。

たとえば、和室の部屋で畳のへりを踏み、しかも立ったまま目上の方にご挨拶《あいさつ》をしたとしたら、〝礼儀作法を知らない人〟と思われかねません。和室での挨拶は正座して行うのに対して、洋間ではイスから立ち上がって挨拶するなど、部屋によって挨拶の仕方が違いますので、その部屋を注意してよく見て、慌てずに、マナーに合った挨拶をするよう心がけて欲しいと思います。

また、和室や洋室では年上の人に床の間側の席や奥に座っていただき、目下の人は入口に近い席に座るとか、お線香の火は口で吹き消さずに手であおいで消すといったようなことなど、日常、行動する中で、様々なマナーの知識を学ぶことが大切だと思います。

みなさんすでにご存知のことが多いと思いますが、〝品格〟や〝美しい立ち居振る舞い〟ということを改めて考えていただくために、ここではより分かりやすく具体的な例を挙げて、お話していきたいと思います。

●食事のマナー

仕事で全国あちこち出向く中、レストランで食事をしたあとに、まるでなりふり構わずといった如く、おしぼりや使い終わってくちゃくちゃに丸めたティッシュを散らかし、それをテーブルの上に山のようにしたまま、また、お皿の上の食べ残しを乱雑に食べ散らかしたまま席を立って帰っていく人をよく見かけます。

「お金を払っているお客なんだからいいじゃない」という考えもあるかもしれませんが、特にお子さん同伴の場合、レストランは日常の中で子どもにマナーを教える場でもあります。おしぼりやティッシュは汚れ物を処理するものです。

そのようなものを見苦しく散在させたまま席を立つのはいかがなものでしょうか。使用済みのティッシュは、そっと自分のバッグの片隅に入れて持ち帰るくらいの配慮が欲しいと思うのは私だけでしょうか。

食べ残したものは皿の端に寄せるといったような〝心遣い〟などは、女性ならではの心得として、女性にとって必要なことであり、また、そういったことの積み重ねが〝品格〟を培《つちか》っていくのだと思います。

また、ナイフとフォークはがちゃがちゃとうるさく音を立てないように使うとか、高級な食器はぶつけたりせずていねいに扱うとか、絵柄のある皿は絵柄が正面を向くように置くとか、魚を食べたあとに残る小骨や、エビフライの頭としっぽは皿の隅に寄せて置くとか、使い終わったおしぼりは軽くたたんでテーブルに置くとか、楊枝《ようじ》を使うときは手で口をおおって見えないようにするとか、和食の会食では、使い終わった割りばしを箸袋に入れて端を折るといったことも、女性として、また母親として当たり前のことながら、気づけない方もいるようです。

また、電車の中でおおっぴらにお化粧直しをするのもさることながら、食事の席で、食事の合間にコンパクトを出して口紅をつけ直す女性もたまに見かけますが、ああした行為もいかがなものかと思います。身だしなみを整えるのならばトイレに行くとか、人がいないところへ行ってやるくらいの配慮は必要でしょう。その人の女性としての心構えはあらゆる場面で現れてしまうもの、ということをもっと認識すべきだと思います。

料理のソースがついた指を人前で舐めたり、匂いが強い香水をつけてレストランに行ったり、中華料理の大皿に盛られた料理を、好物の素材を選り分けるように真ん中からすくい取るのもいただけません。大皿料理は手前のほうから取るのが礼儀です。

●訪問先でのマナー

訪問先では、玄関に上がったら自分の靴を揃えるのは当然のことと考えると思います。また、誰かが見ているような場合はほかの人の靴まで揃える人もいますが、誰も見ていないと完全に無視、という人が多いのではないでしょうか。でも、こういうことは意外と見られていたり、気づかれているものです。見られているか否かに関わらず行うことが〝女性としての気配り〟のひとつであり、こうした積み重ねから〝品〟といったものが生まれてくるのです。

また、拝殿では、箱入りのお菓子などを手土産として持ってきてくださる方が多いのですが、これをデパートやお店の袋に入ったまま、あるいは風呂敷に包んだまま、立ったままで、しかも片手で渡す女性がいます。袋や風呂敷包みから出し、箱の上下をさりげなく確かめてから、両手で持って渡すのが、きれいな仕草です。

のし袋やのし紙を添えたお菓子などを手渡すときに、向きを考えずに渡す人もいますが、こういう場合は、のし袋の文字が相手から読める向きにして渡すように気をつけるのも大切なことと思います。

また、訪問先で仏壇や神棚、拝殿のある部屋にとおされた場合は、まず、そちらに会釈《えしゃく》をするということも心得ておくといいと思います。

私の知人の男性が拝殿に訪れたときのことです。私が先導して拝殿にご案内する中、ふと私が振り向くと、その方は、拝殿の手前にある仏間（普段、人を入れることはありません）を通り過ぎる際にすっと立ち止まり、両手を合わせて仏壇に軽く会釈をしていました。この姿を目にしたとき、私はこの方のあらゆる面での配慮の深さをかいま見た思いがしたものです。

●言葉のマナー

初対面の人や目上の人に、「○○じゃん」といった言葉を使ったり、たとえば自転車のことを「ちゃりんこ」と俗語で言う人がいますが、こういう言葉を耳にすると、その方の品格を考えてしまうことがあります。

こういった言葉は親しい間柄で使うものです。その方はたぶん、何も考えずに使ったのだと思いますが、使う場所や話す相手との関係を考えて節度や程度をわきまえるということができていません。前述の仏壇に手を合わせた男性が携えていたような緊張感に欠けているわけです。

敬語に関しては、たとえば30代や40代になっても両親のことを「お父さん、お母さん」と、初対面の人にも言う方がいますが、やはり「父、母」とか「父親、母親」と言うのが適切でしょう。

敬語の使い方は難しいところもありますが、正しい使い方が分からないときは辞書や本で調べたり、普段から目上の人を敬う気持ちを大事にするといいのではないかと思います。

私自身も日々、その大切さを痛感しておりますが、日常の会話や挨拶、手紙文など、日頃から正しい日本語、敬語などを使うように心がけていきたいものです。

●妻としてのエチケット

結婚して年月を経ていくうちに恥じらいが薄れ、「夫婦だからいいじゃない！」と、ご主人の前でもだらしない格好をしてしまう女性がいます。

ある男性が「家の中を妻が下着姿のまま歩くので困っています」という相談

でお見えになったことがあります。神様の目を通して視た奥さんの姿は、女性の私が見ても目をおおいたくなるような姿でした。もちろん、家というのはリラックスの場ですから、いつも気を張っていなさいということではないのですが、いくら家族とはいえエチケットは大切です。

冷蔵庫の中がいつもごちゃごちゃと整理されていないとか、キッチンのシンクに汚れたお皿やお鍋を置きっ放しにする、洗濯物が山盛りであるのに洗わないで平気でいるというのも程度問題。こういったことが嫁姑問題に発展する場合もあるのです。

また、トイレで排便をした後、臭いをそのままにして出てくるのもいかがなものかと思います。これは、いくら夫婦といってもなかなか口に出して注意しづらいことですので、防臭剤や消臭スプレーなどをトイレに用意するといった配慮も大切かと思います。たとえ夫であっても妻にはなかなか言えないことですから、〝夫が言わなければ、問題ない〟ということでもないのです。

美しく生きるために

日々、多くの相談者と接していてつくづく思うことがあります。それは、自分のことばかり考える人が驚くほどたくさんいらっしゃるということです。

たとえば、人の話を神経を集中させて聞かないため、また、自分にとって都合のいい部分しか頭に入れないためこちらの意思が伝わらない人や、ほめ言葉以外は受けつけられない人、自分の欠点などは考えもせずに自分を過大評価する人などなど。このままでは未来が案じられるという人たちに、自らの間違いを直さないがために今現在の苦しみがあることを指摘すると、逆に怒鳴られたり、わめかれたり……。そのようなときは、「この人たちは一体、なんのためにここまで来たのだろう?」と思うこともあります。

このような人は自分に対する反省もなく、人の忠告を聞く耳も持たず、かえって同伴したご主人やお子さんのほうが横で小さくなっていたりするのですが、そのような姿を目にし、ご家族の未来に思いを馳《は》せると、どうしようもなく虚《むな》しく悲しくなって、2~3日の間、心が重くなってしまうときもあります。

その人自身は妻としてしっかり家庭を守っているつもりでも、極端に気が強いなど激しい気性の持ち主で、自分の性格や間違いに気づかずに行動していた場合、いつかその人の心の器が満杯になると、一気に破裂してしまうことがあります。そのときに家庭内に起きる事柄が、大変、案じられるわけです。

なぜなら、人間はひとりでは生きていけないのです。私達は、人によって生かされ、人によって苦しみ、人によってものを覚えるなど、人と接することで修業の人生になるわけです。また、見えないところで人に助けられていることも実にたくさんあります。

ですから、どんなときでも、相手の立場に立って、今は何をすべきか、すべきではないのかということをしっかり考えながら生きていっていただきたいのです。そのような反省や思いやりを持って生きることこそが、美しく生きるためには大切なのです。それが美しい心を作り、自らも幸せな気持ちになれる元であると私は考えています。

ただし、そのように生きるためには、今だけでなく、「過去、現在、未来」を視野に入れて考えることが不可欠です。プライドや責任感などが偏っていたりすると、たとえ本人は頑張ったつもりでも、やがて思わしくない未来が訪れることになります。その真理に気づいたときこそ、そのまた未来を考慮して欲しいのです。ただ苦しんでばかりいないで、過去にさかのぼって自分の非を悔い、反省して改める。そうすればきっと〝あなたを守る神仏〟の力を得ることができ、〝幸せの道、助け合える道、和合の道〟が開けてくるはずです。

神様が今まであなたに〝気づき〟を求めた理由（人には不足な部分があり、人生とはそれに気づいて直すための修業ということ）、また、これから求める目的を理解することはとても大切なことと思います。

何かのトラブルが起きたときに、「過去、現在、未来」という視点を考慮できず、そのため苦しみの原因に気づかず、どんどん落ちて行く意味さえ理解できなかったとしたら、さらなる苦しみを引き寄せることになります。あなたの不足な性格を「直すがための道程《みちのり》」の途上でいっとき成功したとしても、それで有頂天になってワンマンを続けていては、子孫をも不幸にしかねません。

不幸の大本の原因というのは、この世の修業のために与えられるものであり、その問題の原点は過去にある場合が実に多いのです。

そのため私は、この拝殿においても「過去を振り返ってみなさい」とお伝えするのですが、普段、「過去、現在、未来」といった視点で物事を見ていない人は、〝過去を振り返って原因を探る〟ということさえ理解できないことが多く、そういった事態がまさに〝修業の落とし穴〟と言えるのです。

たとえば、父親が亡くなり、遺産となった会社や不動産などを兄弟で遺産相続することになったとしましょう。そして、自分のことしか頭になく、「過去、現在、未来」を考えられない人が、いろいろと陰で悪巧みをして、父親の会社の後継者になったとします。そのときは、ただ単純に喜び勇んでいることでしょう。しかし、自分の性格や人脈、人からの信用、その他を考えることなく社長の座にのほほんと座り、また、自分の自信過剰にも気づかずにいると、やがて莫大な負債を抱えて倒産……というハメに陥ってしまったりするわけです。

それは、兄弟のことを顧みずにワンマン性を発揮してきた〝己の心知らず〟による結果です。そうなる事態を引き寄せてしまった大本の原因は、その人自身の心と行動にあるのです。

たとえ悪事がばれなくても、神様はしっかり見ておりますし、間違ったことをすれば悪いカルマが増えていくのです。

それに、そもそも〝間違ったら直す〟ことは決して恥ずかしいことではありません。なぜなら、あなたも私もカルマゆえにこの世に共存する者同士。いわば、誰しもが〝気づいて直すための源の因〟、つまり〝原因〟を探る道程にいる運命共同体でもあるのですから。

そして、ひとつの修業を越えられないと、次から次に違う修業が追いかけてきます。たとえば、子どもが不登校になるなど……、別の試練がめぐってくることになってしまうわけです。そのようなケースを、それこそ入れ替わり立ち替わり、様々な人たちが繰り返す様を、この拝殿で私は見てきているのです。

このように、「過去、現在、未来」をひとつながりのものとしてとらえるには、自分のことを厳しく見つめ、判断する力、高い視点から周りを見渡す力が必要でもあるわけです。

また、「因果応報《いんがおうほう》」という言葉がありますが、これと同じように考えていただいてもよいかと思います。

「因果応報」とは、人は良い行いをすれば良い報いがあり、悪いことをすれば悪い報いがあるという意味の言葉。つまり、先ほどは悪い報いのほうの例を挙げましたが、良い行いをしていれば、いずれ良い出来事が起こるのです。

要するに、どんなときも相手のことを思いやり、失敗したら詫《わ》びて、できるだけその人とも仲良くつき合うなど、カルマの解消に努めて生きていけば、それがいいカルマとなって未来を明るくしてくれるのです。

美しく生きる道とは、修業のため、欠点を直すためにこの世に生まれたことを忘れずに、ひとつひとつカルマを乗り越えていく幸せへの道。多くの方がその道を歩まれることを願ってやみません。

キャリアウーマンと専業主婦

ひと昔前と比べて、女性の生き方の幅や選択肢は大きく広がりました。今は女性の社会進出も進んでいますので、プロジェクトのリーダーとして、また、課長や部長として部下を従えて仕事をする女性も大勢いらっしゃいます。女性社長として活躍していらっしゃる方と出会うことも多くなりました。

独身であれば、夫や子どもの世話に時間をとられることがありませんので、仕事に集中でき、その分、キャリアアップしていくことも可能でしょう。

家庭もあり、仕事もあるといった生活の場合は、何かと苦労もおありかと思いますが、いずれにせよ、友達づき合いや趣味や旅行、遊び、また、女性らしく過ごす時間も大事にしながら、さらなる知識吸収のうえ、自分の選んだ仕事の場で能力を思う存分に発揮していただきたいと思います。

昨今では、結婚後も家事や子育てを両立させながらキャリアを積み重ねていく女性も特別な存在とは言えなくなっています。

働く理由は人それぞれですが、私は共働き自体には賛成です。ただし、既婚女性が仕事を続けていくには、まず、ご主人の理解と協力が大切なのは言うまでもありません。自分ひとりで子育てや家事の一切をこなしていると、やがて負担が大きすぎてイライラが高じ、それがもとで会社や家族、友人との人間関係で支障をきたしてしまう例も数多く見ています。

ただ、ご主人に協力を頼む表現の仕方に問題がある場合があります。「働いてあげているのに、なんで協力してくれないの！」などと言ったりしては協力する気も失せるというものです。ふたりの未来の目的は共に幸せになることですから、賢い妻であり女性として、ご主人が気持ちよく協力できるよう、〝話し方、頼み方〟に気を配ってみて欲しいのです。ご主人も内心では、妻の頑張る姿を見て感謝しているはずなのですから。

また、共働きですと日々、ストレスもたまりがちでしょうが、〝怒る妻〟〝怒りが先立つ妻〟になっていると、ケンカが絶えないということにもなりかねません。こういうときも、やはり未来を念頭に置き、やがて迎えることになる老後を今からしっかり視野に入れて〝勝つためだけのムダなケンカ〟は避け、夫があとから気づいたときに、「あのときは妻に上手に誘導されたな」と思うように日々の会話を工夫して欲しいと思います。そのような賢い女性であるためには、正しい判断力、知識があってこそ、ということも忘れないでください。

また、いくら夫婦とはいえ、言ってはいけない言葉というものがあります。

「私が働いているから、今の生活を保っていけてるんじゃないの」

「この車だって、私が働いているから買えたんでしょ」

などは、たとえ売り言葉に買い言葉といったやりとりの中のひと言であっても絶対にいけません。このような妻の言葉で離婚に至るケースも決して少なくありませんので、気をつけなければいけません。


ここで、ひとつの例をご紹介しましょう。キャリアアップしたりお金を稼ぐことに熱中しすぎて、知らぬ間に夫や子どもをないがしろにしてしまったケースです。

そのような人は、やがて定年を迎える頃になって、私のところに相談に見えることがあります。

仕事一直線で過ごしてきた頃とは打って変わって、生気がない姿で語る内容とはこういったものです。

「私はこれまで人の何倍も仕事を頑張ってきました。大変なこともありましたが、主人より稼ぎは多かったと思います。

ただ、がむしゃらに働いているうちに、いつの間にか夫の心も子どもの心も私から離れていました。地位やお金を手に入れた代わりに、私はもっと大切なものを失っていたのです。そのことに、定年を迎える今になってやっと気がつきました。

若い頃は働くことに夢中で、地位やお給料が上がったといっては喜び、有能だと言われることに満足して周りが見えませんでした。それが今では、家族とは縁が切れ、友達も去り、手許に残ったのはお金だけです。誰のために歯を食いしばってあれほど働いたのか、なんのためにあんなに残業したのか……。そんな悔恨《かいこん》の念ばかりが募る今は、ただただ虚しくて、毎日、死にたいと考えています」

先ほども触れましたが「過去、現在、未来」ということを考えないで生きていると、取り返しのつかない後悔を残すことにもなってしまうのです。既婚者でキャリアウーマンを自認している方は、今だけでなく先々のことを踏まえ、家庭と仕事のバランスというものをしっかり考えていただきたいと思います。

では、専業主婦の女性の場合はどうでしょうか。家事というものはきりがありませんから、手をかけようとすればいくら時間があっても足りないくらいでしょう。

ですから、まずは日々の生活でもっと頭を使ってみてください。

私が専業主婦の方に「もっと勉強してください。本を読んでください」と言うと、「忙しくて、そんな時間はとれません」というような返事が返ってくることがあります。しかし、ちょっと厳しい言い方になりますが、時間は作るものです。頭を使って、時間を作ることを考えてみてください。

まずは、買い物や料理、掃除など、一日のうちで何にいちばん時間を取られているかを調べ、知恵を使って効率化を図ってください。

たとえば、夕食作りに時間がかかっているなら、時間を短縮するにはどうすればいいのか……と知恵を絞っていくのです。ご主人の帰宅時間に合わせて、熱いものはできたての熱々を食べてもらいたい、という気持ちは分かりますが、朝食を作るときなどに夕飯のおかずの下ごしらえを簡単にしておくとか、だし汁を作り置きするなど、ちょっと知恵を使えばいくらでも時間を短縮することはできるのではないかと思います。

そして、空いた時間に本を読んだりすれば人としての幅も広がりますし、ご主人との会話の中身も変わってくるはずです。

不安とのつき合い方

明るく元気に毎日を過ごしたいと思いながらも、時には不安が押し寄せてきて暗い気持ちになったり、何気ないことをきっかけに落ち込んでしまうこともあるでしょう。

ご相談に訪れる人の中にも、

「私は心配症で、小さなことでもクヨクヨと悩んでしまってイヤになります。どうにかなりませんか」

「テレビで震災や事故の映像を見ると、まるで自分が体験したような気分になって、言い表せないような不安に襲われてしまいます」

といったことを訴える人がいます。

でも、人として生きていれば、誰でも不安になることがあります。何も特別なことではないのです。落ち込む内容にもよりますが、これもまた、いろいろな知識を得ることによって、理由もなく慌てたり不安になることもなくなるはずです。つまり、そのようにして防げる不安もたくさんあるわけです。

とは言え、不安を抱えたまま、落ち込んだまま時を過ごすというのはつらいものです。

中には、不安になると「なんで私ばかりがこんな目に……」などと必要以上に悲観したり、「こんなことで落ち込むなんて、なんて私はだめなんだろう」と自分を責める人がいますが、それでは、余計に不安や落ち込みを長引かせるだけです。

では、どうすればいいのでしょうか。精神的な病で落ち込んでいるのか否か、ただ淋しいことが誘因となっているのかどうかを正しく判断できるようになるためには、常日頃「学びの精神」と「緊張感」を失わずに過ごすことが大切なのです。そうすることによって、広い感性を持つことができ、立ち上がる気力になり、落ち込みから立ち直ることができるでしょう。

いかに「知識」と「気づき」が大切かは、これまでの著書でも繰り返し述べてきましたが、幸せへの道程は、気づきと知識なくしては進んでいけないと私は考えています。

たとえば、戦国時代を生き抜いた女性の一生を描いた歴史小説、難病を抱えながら仕事に子育てにと奮闘した女性の伝記などを読んでみたならば、そこから人生の苦難から立ち上がる勇気をもらったり、生きるうえでの知恵を教えられることもあるでしょう。

また、書店や図書館で何気なく手に取った詩集の一編から、生きていくことの厳しさ、楽しさ、喜びといったものを再確認でき、それによって不安を乗り越える力を得られることもあるでしょう。

もしも、経済的な面で将来への不安を感じていたなら、保険会社のカタログやビジネス書を手に取って、年金や保険に関する知識や情報を得るのもいいでしょう。そういったものから得た〝具体的な知識〟が、不安から抜けていくための力をくれるのではないかと思います。

また、人のふりを見て我がふり直す、ということも気づきや知識の向上につながりますが、これまでの経験もひとつの知識です。

年を重ねるほどに自分の過去の体験も増えていきますが、そんな豊富な経験が目の前の不安や落ち込みを乗り越える力になることもあるのではないかと思います。

「あのときはもっと大変だったけれど、なんとか乗り越えられた。だから、今度もきっと大丈夫」

そのように、自分の不安を客観的に冷静にとらえることができれば、不安を早く解消できたり、落ち込みから早く立ち直っていくこともできるはずです。

第三章

女の人生、幸不幸の分かれ道

結婚のご縁

この章では、女性がたどる人生行程をもとに、主に家族との関わりについての注意点などを説明していきたいと思います。

まずは、人と人との仲をつなぐご縁のこと。ことに女性にとって大きな関心事と言える結婚のご縁についてのお話をしましょう。

未婚の女性が私のところに見えた場合は、

「私はいつ結婚できるのでしょうか？」

といった質問をよく受けます。もちろん、当然の心理だと思います。

また、結婚相手はカルマによる運命で決まっているのですが、本人が自分のカルマを知っているか否かは別として、悪縁の場合、それをかわすことができるか否かを聞きに来る方も多いように思います。

そもそも夫婦とは、共有するカルマを生まれ持った魂レベルでの修業仲間とも言え、結婚後に様々な問題が生じるのは、それをふたりで乗り越えることで、共に魂を磨くため。そのために一緒になるわけです。

また、結婚というのは俗に言う赤い糸でつながれたご縁とも言えるのですが、その相手は、ひとりだけの人もいれば、ふたり、3人と複数の人もいますし、中には様々な理由から、ひとりもいない方もいます。

本人は赤い糸をつかむつもりでも、年齢を気にして焦ったり、理想が高すぎたり、相手の心を見ずに上辺の条件ばかりに目がいってしまうと、間違って黄色い糸の人を選んでしまうこともあるようです。

ご縁というのは本当に不思議なもので、大恋愛をして交際を続け、あとは結婚式を待つばかり、といったふたりの関係が、結婚式を目前にして破談になってしまうようなことがありますが、これは結婚するご縁ではなかったということです。

その一方、たとえば、街角で出合い頭にぶつかって、第一印象はお互いに良くなかったのにも関わらず、運命の歯車が回って思わぬ場所で再会し、その後、とんとん拍子に交際、結婚へと進展していくといったケースもあります。

ひと口に赤い糸のご縁といっても、運命の人との出会い方、出会う時期、出会ってからのプロセスなどは、人それぞれ千差万別であるわけです。


ここで、赤い糸のご縁のことをより深く理解していただくために、これまで何度かお話してきましたが、私自身の結婚のことをお話したいと思います。

私は24歳のときに結婚したのですが、それは、神様が授けてくださったご縁によるものでした。

私の母も神に仕える霊能者でしたが、その母からある日呼ばれ、

「藤子、結婚の縁というものはね、ただ好きなだけで添い遂げられるものじゃないんだよ」

と諭《さと》されたのです。実は、そのときの私には交際していた男性がいて、その彼との結婚を母に相談していたのです。

どんな話になるのかと思って待っていますと、母はいつになく真剣な口調で、

「藤子の結婚について、その縁を神様にお伺いしてみた」と言ったのです。

しばしの沈黙のあと、母は苦渋に満ちた顔で、「藤子の結婚相手はその人ではない」と言います。

思いもかけない言葉に驚きましたが、私は意を決して詳しく尋ねてみました。すると、私の結婚相手は、私の友人が勤めている会社にいる人であるらしいことが分かったのです。そこで友人から職場の人が写っている会社の新年会の写真を借りてきたところ、小さな顔が数多く写っている中からひとりの男性を母が探し当てて、「この人だよ！」と言ったのです。

やがて、「神様が、この人に手紙を出してみなさいと言っているのだけれど……」と、困惑した表情を浮かべながら私に言った母の姿は、今でもまぶたに残っています。

その人は、まったく見ず知らずの男性です。私は母のことを信頼していたものの、「知らない男性に女性の私から手紙を書くなんて……」と思いながら、恐る恐る手紙を出しました。

相手のほうも、見知らぬ女性からの手紙を最初は不審に思ったようで、当然ながら返事はありませんでした。しかしその後、再び神様から「会いに行くように。神が一緒に行ってあげるから心配せずともよい」と言われ、渋々、電話をかけて会うことになったのです。

そのとき、私はもうダメだろうと覚悟したのですが、むしろ気が楽になりいきさつを包み隠さずすべて伝えました。彼は真面目に話を聞いてくれましたが、その後、彼の母親にも不思議な夢のお告げがあるなどして、木村の家に入ってもらう形で結婚したのです。

ただ、その当時は、真剣に交際していた男性との別れもありましたし、結婚に関しては正直、複雑な思いもありました。

でも今は、神様の言ったとおりにして本当によかったと思っています。こんな私ですから、普通の男性であれば、もうとっくに離婚の二文字で終わっていたでしょう。38歳からこの歳まで、夜も昼もなく毎日、仕事、仕事、仕事……で、ふたりとも流行歌手などの時代の流れも知らず、「あの日からの人生、すべて空白だったね」というのは、今では私達夫婦の合言葉になりました。

自分自身の結婚のいきさつを振り返るたび、幾たびかの前世でのつながりによって生じる結婚のご縁の不思議さ、神様の計らいの精妙さに感じ入るのです。

みなさんも、年齢を重ねるごとに、人と人を結びつけるのは目に見えないご縁の力が大きいということを、また、夫婦の絆は、双方の努力と忍耐、理解、思いやりの積み重ねなしには強まらないことを、若い頃よりも深く理解できるようになっているのではないでしょうか。

生涯独身という生き方

生涯、未婚のまま過ごすという人が、昨今は男女ともに増えてきているようですが、それも人生のひとつの形なのではないかと考えています。

私はこの拝殿で、様々な悩みや苦しみを抱えた方々と日々、向き合っていますが、不幸やトラブルから抜け出したい一心で、人に言えないようなことまで話して神様に回答を求めるという方も少なくありません。そういう体験に基づいて、ひとつの結論を出すとするなら、結婚だけが人生のすべてではない、というのが私の考えです。

また、独身の人の中には、結婚しない運命のもとに生まれた、という人もいるでしょう。もしかすると、前世での結婚でさんざん苦労をしたとか、子育てで死ぬほど悩んだといった理由で、次の人生は結婚しない人生にしたいと、独身を貫くことを選んで生まれてきたのかもしれません。

その一方、赤い糸のご縁があっても、そのすべてが幸せに満ちた生涯になるとは限りません。いろいろなカルマを共有する男女が、忍耐や思いやり、反省などを繰り返し、幸せを求めていくのが結婚なのです。

いずれにしても、独身で生きる女性は、自分の時間を自分ひとりの采配で使えますし、好きなときに旅行に行くこともできます。やりがいのある仕事を持っているなら、夫や子どものことを考えずに仕事に精を出せますし、友人や家族との関係を密に保っていく努力をすれば、淋しさもさほど感じることなく暮らしていけるのではないでしょうか。

ただ、独身女性の場合は、ある程度の年齢になりますと、結婚していないことや子どもを産んでいないことにどこか負い目を感じたり、これからのひとりの人生に不安を感じることもあるようです。

先日も、41歳の女性の方がお見えになりました。ご相談内容は、

「両親と弟と暮らしています。仕事のほうはなんとか順調にやっていますが、いまだ独身でいることに悩んでいます。一日でも早く結婚して親を安心させた

いのですが、なかなかいい出会いに恵まれません。
最近は、このままずっと独りだったらどうしようと、突然、不安感に襲われることもあります。いつになったら結婚できるでしょうか。結婚できないなら、親元を離れてひとり暮らしをしたほうがいいのではないかとも思っています」

というものでした。この方のように、独身でいる自分を、自分自身の判断で責めてしまったり、恥ずかしいことのように思ってしまう人もいますが、それではただただ苦しくなるばかり。焦りが募るばかりです。

焦らずに、ひとりの時間を充実させ、日々を活き活きと過ごすことが、ご縁を引き寄せることにもつながるわけですが、この方の場合、神様にお伺いを立てたところ、まだ少し先にはなるものの、ふさわしい男性との出会いが視えました。焦らず、自分の心との会話をていねいに重ねていくことで、やがて巡りくる赤い糸のご縁を、見誤ることなくしっかりつかんで欲しいものです。

結婚せずに過ごす方々には、趣味や勉強、仕事など、自分のやりたいことに全力投球していく人生の良さを見出して欲しいと思っています。また、やがて訪れる老後のためにも、人との交流もしっかりと持つことが大切です。会話のない人生の虚しさを嘆く方々の説なる心のつらさも、よく拝殿で目にしています。

嫁姑問題（1）

女性が抱える普遍的な悩みのひとつに〝嫁姑問題〟があります。

昔に比べるとお姑さんと同居するお嫁さんは減りましたが、同居しない場合でも、盆暮れや正月など、家族が一同に会する機会がありますので、そんな場での数少ない接触からも嫁姑のトラブルが起きたりすることもあります。

もちろん、嫁姑問題では、同居している人のほうが悩みは深刻ですが、ひと昔前までの〝嫁姑問題〟イコール〝嫁いびり〟といったケースは少なくなってきたようです。いずれにしろ、両者それぞれに心の苦労があるようです。

しかし、考えてみますと、〝嫁と姑〟という関係と言えども、やはりカルマの共有者であるわけで、いかに「問題を解決するか」ということを大切な課題と考えるべきだと思います。

ではさっそく、様々なケースを挙げながらご説明していきましょう。嫁姑問題に対して、両者それぞれが思い違いや誤った考えに気づくことによって、お互いに反省ができ、少しでも幸せな道を進んで欲しいと思います。

まずは、お嫁さん側が気づくことによってトラブルを回避できるケースからお話ししましょう。

最近の若い女性にとっての結婚とは、愛する男性と暮らすことであって、その家に〝嫁ぐ〟といった意識が薄らいできているように感じていますが、このことがトラブルの引き金になることがあります。

ですから、いくら時代が移り変わっても、私は、お嫁さん側が〝嫁いできた〟という立場をわきまえることが大切だと考えています。

女性が結婚してご主人の名字を名乗るということは、その家の一員になるわけですから、お嫁さんがご主人の家に馴染む努力をすることが必要なのです。〝郷に入れば郷に従え〟という諺が教えるように、新しい環境に入ったら、その習慣ややり方に従うのが賢い生き方と言えるのです。

嫁ぎ先の家にもその家の伝統があり、それが代々、自然な形で受け継がれ守られてきた中でご主人は成長してきたわけですから、外部には見えないいろいろな面での生活習慣や物の考え方が、知らない間に身についているのです。もちろん、嫁ぐ女性の実家も同じこと。当人は意識せずとも、その家に脈々と伝わる伝統の中で生活してきたわけです。

それぞれの家に代々伝わる伝統というものの中には、家族の考え方、価値観、習慣などいろいろ含まれますが、ご主人側の家の価値観とお嫁さん側の家の価値観が大きく異なる場合も当然あります。

ただ、若い頃には気づかなかった嫁ぎ先の家の伝統の素晴らしさを、年を重ねて初めて理解できるようになることもあります。特に、一般的にはあまり知られていないような料理の味つけや調理法など、息づく先人の知恵に改めて驚かされることもあるのではないかと思います。

ここで、ひとつの実話を例として述べてみましょう。

ある家の姑が晩秋に、代々伝わるたくあん作りや漬け物の漬け方をお嫁さんに教えようとしたそうです。ところが、嫁いで10年経つ共働きのお嫁さんは、「たくあんや漬け物なんか、店で買って食べればいい。せっかくの休みの日に、そんな面倒なことを教えてもらわなくていいから！」

という言葉で突っぱね続けたそうです。その後、いろいろな出来事が重なり、ご主人と子どもと一緒に姑と同居していた家を出たものの、お嫁さんは相変わらず勝手放題で、気ままに生きていったそうです。そして、義父母が淋しくこの世を去り、結局、お姑さんからは何も教えてもらわないままでした。

やがて月日が経って最愛の長男が結婚し、今度は自分が姑の立場になりました。長男のお嫁さんは、子どものときから親にお金の大切さを教えられながら育ち、漬け物の漬け方などの料理のみならず、しっかり生活することの大切さなども躾《しつ》けられて育ったようです。

一方、定年を迎えたお姑さんは、貯金はおろか借金まで作るあり様。家を担保に取られる寸前になって初めて家族が気づいたものの、金額が大きすぎてどうにもできず、仕方なく長男夫婦の家で同居を始めたそうです。でも、長男のお嫁さんは笑顔ひとつ見せてくれず、打ちひしがれた表情で相談に訪れた彼女は、

「長男の家を出ていきたいが、ほかに行くところがない……毎日がつらい！ 苦しい！」

と拝殿の床に突っ伏して泣き崩れるばかり。その姿を哀れに感じましたが、大事なことに気づけなかったがゆえの結果なのです。

ここで大切なのは、第一に会話によるコミュニケーションです。

不満を言わないようにしていても、いつか顔に出ます。我慢をしすぎると、いつか爆発する心配もありますので、お嫁さんはご主人の大好物の料理の味つけをお姑さんに教えてもらいながら、やがておかず作りを分担するとか、昼と夜の食事作りを分担するなど、時間をかけて、お姑さんと話し合いながら、ふ

たりにとって無理のない形に変えていくといいでしょう。

また、この主導権争いの根底には、〝人間の我〟があるということにも気づいておくべきです。

お腹を痛めて産んだ息子は、お姑さんにとってはいくつになってもかわいい息子で、生きがいでもあるわけです。

ご主人にとっても大事な母親です。親子としての歴史があるわけで、その歴史をお嫁さんが変えることはできません。お嫁さん自身もやがて母になり、姑になるわけですから、主人を独占したいとか、お姑さんのご飯は食べさせたくないとか、そのような〝我〟は不毛であることに気づいて欲しいと思います。

ここでひとつ、詩をご紹介します。


『親子の情　邪魔してみたとて　いずれ迷わず　その道を行く』

親子として培われた「情」を切ることは、夫の心情を考えない行為です。また、自分の子どもがかわいいように、姑もまたご主人（息子）のことがかわいいのです。そんな親子の情を切るようなことをしていると、やがて自分が姑になったときに、息子のお嫁さんから同じようなことをされるカルマを作ってしまいます。

次は、ご主人がお嫁さんの嫁姑問題で悩んでいた例です。

ご相談にいらしたのは、30代半ばの男性。相談内容は、

「2歳半になる娘がいるのですが、先日、妻と別居しました。4年前に父が亡くなってから母はひとり暮らしをしているのですが、そんな私の母を妻が邪険にする態度があまりにもひどく、見るに耐えられなくなって別居を決めました。娘のあどけない顔を見ると不憫《ふびん》で胸が痛くなるのですが、今後、妻の態度が変わるようにも思えず、悩んでおります」

さっそく拝殿に向かい神様にお伺いすると、視えた光景はまったく人の話を聞こうとしない奥さんの姿です。

「あなたの奥さんは、大変プライドの高い方ですね。優秀で、仕事も家庭のこ

ともきちんとやれる方のようです。

でも、勝ち気な性格が災いしているようです。お姑さんとうまくやれないのもそれが原因でしょう。これまでも人間関係で様々なトラブルを起こしてきたことが視えるのですが、どうでしょうか?」

そう尋ねますと、ご主人は身を乗り出して、こう話してくれました。

「そうなんです。妻は出産するまで会社勤めをしていたのですが、上司や同僚の悪口ばかりを聞かされていました」

次に、神様が視せてくれたのは、お姑さんの姿です。

「あなたのお母様は親切な人ですが、あなた方ご夫婦の間にちょっと入りすぎたところがあるようですね。息子のお嫁さんと仲良くしたいという気持ちから、おふたりとよく一緒に出かけていたみたいですが、奥さんはそれが嫌だったのでしょう。

初めのうちは我慢していたようですが、徐々に不満がふくらみ、お母様に対して怒鳴ったこともあったのではないでしょうか」

そんな私の言葉に、ご主人はうなだれるばかりです。

「奥さんは子どもの頃から、ずっと自分の親に対してもかなりワンマンな態度をとっている姿が視えます。こういう態度を許してきた親御さんにも責任があると思います。

ただし、彼女自身が自分の欠点に気づいて解決していかなければいけない問題です。

かなり厳しい言い方になってしまいますが、奥さんは、自分の勝ち気な性格が問題を起こしていることをなかなか理解できないでしょう。

はっきり申し上げて、この方は結婚するにはまだ精神的に若すぎたのかもしれません。そう感じたことはないですか?」

「はい。あります。これからどんなところに気をつけたらいいでしょうか?」

「別居が長引くと娘さんの親権問題が出てくるでしょう。そうなると少し揉《も》めることになってしまいますので、早い時期に、奥様と今一度、心の中を隠すことなく、あなたが配慮できなかった部分も詫びつつ、冷静に話し合う場を持ってください。

奥様も内心、離婚は防ぎたいようです。そういう気持ちが視えますので、親のエゴだけではなく、子どもの将来にとって何がいちばんいい選択なのか、それをおふたりでよく話し合ってください」

そんな私の言葉にしっかりとうなずいてくれたご主人の目には、うっすらと光るものがありました。

嫁姑問題（2）

では次に、お姑さん側に気をつけていただきたいことをお話しましょう。

お姑さんには、何十年とその家を守ってきたという自負とプライドがあります。ひとつの家、家族を守っていくということはとても大変なことですから、そういったプライドがあるのは当然ですし、誇っていいことだと思います。

そしてまた、長年、家を守ることで培ってきた知恵、知識、経験をお嫁さんに伝えていくのは、お姑さんとしての大事な役目だと思います。

ただ、そうする中で、接し方や伝え方はどうなのか、というところを省みてください。

たとえば、良い姑でありたいために、疲れてしまうほど気を使いすぎているうちに、ある日、突然かまわなくなりすぎたり、あるいは一方的に押しつけたり、つい注意する言葉が多くなってしまったり……。また、一生懸命になりすぎて、一度にたくさんのことを言いすぎたり、一方的に友達感覚でしゃべりすぎていたりといったようなことはないでしょうか。

そのようなことを省みたうえで、長い年月の中でじっくりと教え伝えていくことを心がけてみてはいかがでしょうか。

また、結婚しても、かわいい息子さんであることには変わりはないのですが、

「あのお嫁さんは、息子のことをちゃんと世話してくれているのかしら？」

「若いお嫁さんだから、行き届かないところが多すぎて……」

といった親心が強まって、ついあれやこれやと必要以上に若夫婦のやり方に

口を出したり、息子さんの面倒を見すぎているケースも多いようです。

でも、様々な経験を積み重ねる中でそう思えるようになったのでしょうが、若い頃は料理を失敗したこともあったでしょう。何かにつけて手探り状態の中、あるときは楽しく、またあるときは悲しい気分になりながらも、ここまでの道程を辿ってきたはずです。

また、最近ではお嫁さん以上に、お姑さんのほうが気を使っているケースも増えてきました。

ただ、そうなるとお嫁さんも息が詰まります。お互いにいい人を演じながら、気疲れするほどに気を使い合うといった緊張感が、かえって嫁姑の仲をギクシャクしたものにさせる場合もあるのですが、ここのところのコントロールは、大変難しいものを感じております。

その一方、中には、結婚前はよく気のつくかわいいお嬢さん、結婚当初は素直なお嫁さんだったのに、その態度が徐々に変貌していくといったケースもあります。そういう場合、そのお嫁さんにはもともと性格的にわがままなところが多く見受けられます。

　嫁いだ家、義父母との生活に慣れてきたために、本来のわがままな性格が顔を出してしまうのです。私のところにおいでになる方たちを見ていると、〝自分の親に口応えすることに慣れている女性〟ほど、こういった傾向が顕著です。実の親に口応えをし慣れている場合、義父母に対しても驚くほど、その傾向が出るようです。

　そんなお嫁さんの場合は、お姑さんが一生懸命教えようとしても、「文句ばかり言われる」と受け取られることが多いでしょう。

　でも、こんなお嫁さんと仲良くするのは無理、と諦めないでください。嫁姑もカルマのご縁によるもの。前世で関わりのあった相手であったり、あるいは、それぞれの欠点を直すがために通らなければならない道のひとつであるかもしれないのです。

　それに、ご自分が姑の立場になってから、かつて自分が嫁だったときのことに改めて気づくということもあるのではないでしょうか。

「ああ、そうか。あのときのお義母さんの言葉には、こんな思いが込められていたんだな」

「厳しいところもあったけれど、私に覚えて欲しかったんだな」

「息子が結婚して、うれしい反面、寂しかったんだな」

人は、その立場にならなければ、理解できない気持ちというものが往々にしてあるものですが、このように反省ができること自体、カルマの清算のひとつでもあります。

どんなことでもそうですが、問題が大きくなってからでは解決するのにも時間と労力がかかります。問題が大きくなる前に、「過去、現在、未来」を考え、若いうちから正しい知識を蓄え、判断力を養っていく必要があるのです。


ここまで、〝嫁姑問題〟をお嫁さんの立場、お姑さんの立場でご説明しましたが、問題解決のヒントは得られましたか？

嫁姑問題では、嫁姑の両者共に、いさかいの中で〝大事な妻と母親の板挟み〟

になり、解決の糸口を見つけられずに苦しむ〝我が夫〟の気持ちをも、しっかり考慮すべきです。

また、たとえどんなにわがままなお嫁さんであっても、どんなにうるさいお姑さんであっても、今はあなたの家族の一員です。カルマのご縁なくして家族になることはなく、家族そのものがカルマを乗り越えるための集団なのです。

人間関係は、自分の心を映す鏡でもありますから、お嫁さんやお姑さんの行動や言葉から、自分の欠点に気づく場合もあります。そこに気づくために、今回、嫁姑といった間柄になったのかもしれません。

もしも今、嫁姑問題で頭を悩ませているのでしたら、そういった視点から今一度、目の前の問題を見つめ直してみてください。正しい判断力を働かせれば、自らが直すべき欠点に気づき、それがきっと問題解決の糸口になるはずです。

嫁姑問題をテーマにして作った詩を、ここでご紹介したいと思います。

『嫁姑がいがみ合う　されどもカルマで　親子だったかも』

この詩のように、ひとつ屋根の下でいがみ合う嫁と姑は、もしかすると、前世では親子だったのかもしれないのです。

そして、前世で背負ったなんらかの罪（悪いカルマ）をふたりで乗り越えるために、この世を修業の場として、嫁姑という形で再び巡り会うことになったのかもしれないのです。

人生には様々苦難が待ち受けますが、その苦難を人のせいにしていては、いつまでたっても心が晴れやかになることはないでしょう。

訪れる苦難を〝我が修業〟ととらえて、〝人を許す〟〝頑固な性格を顧みて、直す〟といった道を進んでください。それが、背負ったカルマを解消する術なのです。

そして、カルマの意味を正しく理解し、相手を傷つけるような言ってはならない言葉によって自らの罪を重くしないよう、ご自戒いただければと思います。

離婚について

離婚の悩みで私のもとを訪れる人は、本当にたくさんいらっしゃいます。

結婚する相手とは、カルマのご縁で結ばれているということはすでに述べましたが、このカルマの種類は実に様々で、前世で受けた恩を返すために結ばれるご縁、難病で生まれる子どもの親となり、共に力を合わせて乗り越えるために結ばれるご縁、前世での貸し借りを清算するために結ばれるご縁、前世の憎しみのあだ討ちをするために出会うご縁など、千差万別です。

時には、前世で思い残しがあり、それを果たしたのちに別れるようなご縁、添い遂げられないカルマのご縁というものもあります。

つまり、離婚すること自体をお互いにひとつの修業として選び、今の人生で出会って結婚するカップルもいるわけです。

その一方、せっかく赤い糸のご縁を得て結婚しても、どちらかのわがままなどで1年も経たないうちにあっけなく離婚に至ってしまうカップルもいます。

いずれにせよ、結婚はゴールではなくスタート。カルマを共有するがための、まさに新たな出会い（お互いの家族も含めて）なのです。結婚生活を継続させていくためには、絶えずお互いが自分の振る舞いや言葉を省み、良くないところに気づいて直す、といったことを心がける必要があります。腹立たしい経験から学んだり、つらい出来事を体験する中で思いやりや愛情を培ったりしながら生きていくわけで、まさに人生は修業。「天国地獄はあの世ではなく、この世にある」のです。

先日は、離婚のご相談で、このようなものがありました。いらっしゃったのは、10歳のお子さんがいる40代の女性です。

「結婚して14年になります。先日、子宮ガンが見つかり、そのことを夫に話したところ、それならお前と離婚する、と言われてしまいました」

そこまで聞いた私は、顔にこそ出しませんでしたが、内心、とても驚いてしまいました。青森地方ではこういうときに「ドッテンコイデシマッタ！」（〝本当に驚いた！　なんということだ！〟という意味の方言。ただ、今の若い人はほとんど使わないでしょう）と言うのですが、そんなショックが冷めやらぬ間に、彼女は続けて、

「だから、離婚しようと思っています」

と言うのです。私は、あまりに離婚を簡単に考えている彼女の顔を一度しっかり見てから気を取り直し、拝殿に向かって手を合わせました。

すると、神様が視せてくれたのは、ご主人の言うことをまったく聞かない彼女の傲慢《ごうまん》な姿。誰に対しても「私が、私が」と自分のことしか考えず、トラブルメーカーとしてご主人のみならず、ご近所や義父母にも迷惑をかけている彼女の姿です。

ご主人のほうはといえば、彼女との生活に疲れ切っている姿が視えました。

今回は、たまたま奥さんのガンの告知とタイミングがあっただけで、離婚はかなり前から考えていたこと。ご主人にとって苦渋の選択でありながらも、その決意には揺るぎないものがあることが分かりました。

このようなとき私は、相談者の欠点を言って気づいてもらい、その人を助けなければならない自分自身の人生に、しみじみと「自分のカルマとは一体……」と深いため息が出る思いがするのです。

しかし、これは私に与えられた任務のひとつです。そう思って私は意を決し、ご主人の気持ちを彼女に告げました。すると、彼女の顔からはみるみる血の気が引いていきました。彼女は、ご主人のことを甘く見ていたのです。ガンになった私を捨てて離婚するなどできるはずがない、子どもを手放すはずがない、と高をくくっていたのです。

ご主人の固い離婚の決意を知った彼女は、うめくような大声を上げてその場に泣き崩れましたが、ご主人の堪忍袋の緒が切れてしまった今となっては、もはや手遅れです。

また、お姑さんが息子夫婦の離婚の相談でお見えになったこともあります。

そのお姑さんは60代後半。柔和な表情の彼女の口からは、

「長男の嫁は無口で頼りないから、なんとか離婚させたいんです。それがうまくいったら、長男にはしっかり者のお嫁さんを後添えとして迎えたいと思っています」

という信じられない話が語られたのです。私は神様に尋ね、そして、

「お嫁さんは一時は精神バランスを崩したことがあったようですが、今はよくなっていますよ。それに、炊事でも掃除でも、あなたの言うことはみんなよく聞き、素直な気持ちであなたの思い通りにやっているはずです」

と言うと、

「聞くことは聞きますけれど、しゃべらないのが気にくわないんです。長男の嫁としてあれでは不安なので、家から出したいんです。それが長男のためだと思って私はここまで相談に来たんです」

とおっしゃいます。そこで私が、

「あなたは普段、すぐにヒステリックになりますね。そして、人にもすぐ飽きてしまう方のように視えます。あなたにも、あなたの家族にとっても、宝のよ

うなお嫁さんですよ」

と、神様からのアドバイスを伝えたところ、先ほどまでの彼女の優しい顔がみるみるうちに豹変《ひょうへん》し、持っていた自分のバッグを一度、床に叩きつけてから、

「あなたまで私が悪いって言うの⁉」

と、天上まで届くような金切り声をあげたのです。

そばにいたご主人はそれまで奥さんをなだめていましたが、あまりの怒声《どせい》にたまらず、

「お前、もうバカなことは言うな！　お前が何を言うのか心配だから、俺はここまでついて来たんだぞ！」

と、奥さんを怒鳴りつけ、やがて、今までの事の成り行きを語ってくれました。

「長男の嫁は愛想はありませんが、口答えひとつしないおとなしい嫁です。長男との夫婦仲も問題なく、3人の子どももきちっと育ててくれています。なのに、うちの妻は離婚させると言い出して。いつも言い出したら聞かないので、今日は心配になってついて来たんです。

長男とは、ここに来る前にふたりで話し合いました。青森の神様に注意されてもお母さんの気持ちが変わらないようなら、お前たち家族はこの家を出て暮らせ、と話してきたのです」

私は、彼女を救うことができなかった虚しさなど、様々な思いが頭の中をよぎり、胸を締めつけられる思いのまま、その日一日を過ごしました。私が神様に仕えるお役目をする中でいちばん落ち込むのは、こういったご相談を受けるときです。

このお姑さんは、いわば自分が背負ったカルマに翻弄《ほんろう》され、さらに罪に罪を重ねているわけですが、やがてこの方が辿るであろう寂しい人生を思うと、カルマの業の恐ろしさというものを改めて考えざるを得ませんでした。

このような例からも分かるように、離婚というのは、結婚相手のみならず、舅姑、子ども、ご主人や奥さんの親族などが絡んで起こることもありますから、カルマというのは本当に厄介なものであり、また、大切なものと思います。もちろん、ここまで挙げた例は悪いほうのカルマですが、暖かいほんのりとしたうれしいカルマもあります。

また、中にはその方自体は純粋な気持ちで結婚をし、結婚生活を続ける努力を重ね、忍耐をしたにも関わらず、夫や妻が浮気をしたり暴力をふるったり、結婚生活にそぐわない言動、自己中心的な物の考え方などが原因で、止むなく離婚に踏み切る方もいます。

そのような人は時として、離婚したことで、まるで自分が罪を犯したように感じたり、あるいは、引け目を感じることもあるようですが、私は、そのように思う必要は一切ないと思っています。

離婚は、上辺だけを取り繕ったり、知識不足では乗り越えることはできません。幅広い知識を収得し、正しい判断力を働かせて、人生を前向きに歩んでいって欲しいものです。

熟年夫婦の絆

夫婦として長年、一緒に生活していると、遠慮がなくなったり、恥じらいがなくなったり、あるいは、今まで我慢してきたことが我慢できなくなってくることが少なからずあります。

長い年月の中で育まれた馴れ合いの関係によって歯止めを忘れ、マンネリ化する中、たとえ本心ではないにしろ、ついつい言ってはいけない雑言《ぞうごん》まで飛び出し、それが夫婦仲のヒビ割れの原因になることも拝殿では見られます。

そういう中でもお互いに労《いたわ》り合って、いい意味での友達夫婦となって、一緒に趣味を楽しんだり、旅に出たりして仲良く暮らしている熟年夫婦もいます。

その一方、仕事で疲れて帰ってきたご主人に「ご苦労様」のひと言も言わず、また、ご主人のほうも、妻の手料理に対して「おいしいね」の言葉も言わなくなるなど会話もなくなり、お互いに相手に感謝することを忘れるだけでなく、年々、お互いの欠点ばかりに目がいくようになるといったご夫婦もいます。

夫婦関係のマンネリの中で、「夫婦だからいいじゃない」という甘え心で相手への気遣いをなくしてしまうと、時が経つにつれて相手のことがうっとうしくなり、気がつけば会話もなく、口を開けばお互いの悪口ばかり。何かと言い合ったり、罵《ののし》り合うようなご夫婦になってしまっている場合も、私は数多く見てきています。

熟年と言える年齢になってから夫婦の間がギクシャクしてきた場合は、馴れの幸せに気づかずに、ひとりよがりの間違った判断で相手のことを誤解していることも多いものです。たとえば、

〝聞いているようでいて、相手の話をいつも上の空で聞いている〟

〝お互い頑固で、言い出すとどちらも引くに引けなくなってケンカになる〟

〝相手から注意されると、とにかくカチンときて、『私は正しい！　間違ってない！』とつい反論してしまう〟

〝ケンカしているときは、口にこそ出さないけれども、わざと意識して小馬鹿

にする態度で無視をしたり、邪険な態度をとってしまうことがある〝
〝お互いにいい関係になりたいけれど、主人は頑固だからどうせ言っても無駄だと思って、夫婦の今後についてきちんと話し合ったことはない〟
といった、驚くべき言葉を拝殿では聞きます。

何より大切な〝行き着く人生の目的は同じなのに、勝つためのケンカに力を入れ、肝心なふたりの目的を忘れている〟ことに気づけないご夫婦にも、拝殿ではよく出会います。

いずれにしても、人生という長い旅のパートナーとして、ひとつの家で暮らしていくわけですから、愛の冷めた形だけの夫婦になってしまってはお互いに不幸ですし、子どもたちにとっても悩みのタネになってしまう場合もあるわけです。

ですから、熟年世代に入る前から、共に幸せになるというお互いの目的が同じであることを十分に考慮して、夫婦の絆をしっかり結び直していただきたいのです。

ご夫婦の絆を結び直すのに、遅すぎるということはありません。たとえ60歳になっても、70歳、80歳になっても手遅れということはないのです。

そのためには、〝欠点だけを見ずに、相手の長所もちゃんと見る〟ことです。そして、当たり前のことですが、何かをしてもらったら「ありがとう」、悪いと思ったときは「ごめんね」ときちんと言葉に出して言うことです。

また、ほめられることを求めるばかりではなく、「その新しいシャツ似合うわね」などと、ご主人に対してほめ言葉をかけるのも大切だと思います。奥さんのほうからこのように日々、気をつけていくと、ご主人のほうも必ず変わっていきます。

そして、〝和合すること〟〝協力すること〟〝感謝すること〟〝尊重し合うこと〟を大切にしていってください。

私がこのように言えるのは、毎日繰り返される相談の中、神様との会話から私自身も学ぶことができるためだと思います。また、やがて伴侶《はんりょ》に先立たれたときに、「主人（または妻）をもっと大事にすればよかった！」「もっと素直に優しくすればよかった！」と悔恨の涙を流しながら、この拝殿で泣き崩れる人をこれまでにたくさん目にしているからです。

お互いに元気なときは、いるのが当たり前。一緒に暮らす相手がいる幸せに気づかないものです。私が作ったこんな詩があります。

『旅立ちて　初めて悔いを知り得たり　主なき部屋　むなしきかな』

伴侶が亡くなったあと、いるべき人がそこにいないがらんとした部屋の中で、大事なものを失ってしまったことに気がついても、そこには淋しさだけしか残っていないのです。こうした悲しさの意味を十分理解して、亡き伴侶へ〝感謝〟する。それが、いちばんの供養となるのです。お供物よりも大切なのが〝気づいたがための感謝〟です。拝殿では、亡くなられた方の気持ちを神様から教えていただくことがありますが、そんなときは、亡くなった方が感謝の言葉にどれほど喜ぶかも十分に伺っています。

兄弟姉妹との関係

親子や夫婦と同様、兄弟姉妹もカルマのご縁で結ばれた間柄です。

お互いに結婚し、別の家に住むようになると、会う機会は年に数回、または数年に一回程度になってしまう人が多いかもしれません。

でも、思い出してみてください。子どもの頃はひとつ屋根の下で暮らし、一緒にお風呂に入ったり、同じ布団で寝るなど、たくさんの思い出があるのではないでしょうか。

しかし、年を重ね、兄妹もそれぞれ結婚して家庭を持ち、それぞれのカルマが息づき、いつの間にか取り返しのつかないほど兄弟間の不仲が深まってしまうこともあります。

同じ〝共存し合うカルマ〟を背負っているわけですから、それをも乗り越えるべき試練、避けられない修業ととらえて乗り越えていくことができれば、兄弟姉妹やその家族が強い絆で結ばれていくのですが、血のつながった近しい関係である分、理解力や判断力が不足な場合、一度こじれてしまうと修復が難しくなってしまうことも往々にしてあります。

一方、それまでは比較的仲のよかった兄弟姉妹との間に、大人になってから問題が生じるケースがあります。

神様との関わりの見地で言えば、カルマを共有する部分があるために〝この世で兄妹〟になり、その共有するカルマを清算できないままにそれぞれ家を出て、結婚して家庭を持って、さらなるカルマを嫁や夫、義理姉、舅姑などと共有していきます。つまり、このように人間関係が広がるのと同時に、カルマの関わり合いも広がっていくのですが、当事者はなかなかそれに気づけない、ということが実に多いのです。

人生がずっと無風状態であれば問題は再燃しませんが、修業の場であるこの世に生まれたからには、誰の人生にも時に厳しい風が吹きつけるものです。たとえば、親が死に、遺産相続をきっかけに問題が生じるというケースがあります。目の前の問題を解決するためには、過去、現在、未来までを視野に入れることが大切だということはすでに第二章でも説明しましたが、特に兄弟姉妹でトラブルが起こった場合は、過去にその原因が潜んでいることが多いのです。

ただし、過去に原因があると気づくのはなかなか至難の技なのです。

というのも、そんなに昔のことが今の問題に関わっているとは思えない、というのがひとつ。また、目の前の問題に四苦八苦している分、過去のことを振り返る気持ちの余裕がない、ということもあるでしょう。

でも、原因が分からなければ、問題を解決する手だてが分かりません。病気になったときも、どこが悪いのかがわからなければ治療ができませんし、病名を突き止めなければ薬も出せないのと同じことです。

そして、悩みの場合は、原因が分からないと、いつまでたっても堂々巡り。終わりの見えない悩みを抱えることになってしまいます。

そのような悩みを抱え、お姉さんのことでご相談に見えた方がいます。

相談者は40代の男性。ハンカチをぎゅっと握りしめ、思い詰めた表情で拝殿に入ってこられました。

「今日は、兄のことで相談に来ました。父が昨年亡くなったのですが、それまで仲が良いと思っていた兄から、父の遺産相続を放棄しろと言われまして……。そのときは言いようのないショックを受けました。

弁護士も立てましたが、家庭裁判所に行ってまで争っては父が浮かばれないと思い、私が兄の言い分をほぼ飲む形で先日、決着しました。

母は父が亡くなってからめっきり弱くなり、今は私が妻と共に実家に戻って母の介護をしています。兄は実家の近くに来ても顔を見せませんが、母が亡くなったら実家には私が住む、と言ってきます。

一体、兄はどうなってしまったんでしょうか。

実は、兄には3人子どもがいるのですが、10年前に中学校1年生の長男を自殺で亡くしています。今思うと、そのときから兄は人が変わってしまったように思います。そんな兄と今後、どのように接していけばいいでしょうか」

さっそく透視をしてみますと、まず、長男を亡くしてぼう然自失といった状態のお兄さんの姿が視えました。

「お兄さんが息子さんを亡くされたとき、ご家族全員でお兄さんをしっかりと癒してあげることができたでしょうか。

最愛の息子を亡くした親の苦しみには計り知れないものがあります。しかも、まだ中学1年生というお子さんを自殺で亡くされたわけですから、まるで地獄に突き落とされたような気持ちでいらした姿が視えます」

「そのときの兄はまるで抜け殻のような感じで、どう声をかけていいのか分かりませんでした。とにかく子どもを預かるので精一杯で、私も両親も、そっとしておくぐらいしかできませんでした。それが原因でしょうか？」

再び拝殿に向かった私には、大本の原因はさらに過去。この兄弟の子ども時代にまでさかのぼる必要があることが視えました。

「少し厳しい言い方になりますが、今回のお兄さんの行動は、誰が見てもわがままなように見えますが、原因を息子さんの死に結びつけるのは違うように視えます。そもそもお兄さんは、家族の温かさというのを分かっていない方のようです。あなたとお兄さん、お母様とお兄さんの関係に問題の根っこがありますね。

子どもの頃のお兄さんが、家族の中で孤立している姿が私には視えます。家族と一緒にいても、お兄さんはすごく孤独を感じていたようです」

「えっ。そうですか。思い当たるようなことはないですけれど……」

「大きな出来事があったわけではなさそうです。小さなことの積み重ねだと思います。お兄さんは、子どもの頃から母親に〝いい子〟と見られたいという思いが強く、そのために親の顔色を伺う毎日だったようです。母親の笑顔を見たいがために、なんでもあなたに譲るといった人生を歩んできたと思います。

また、あなたにとっては優しい母親でも、お兄さんにとっては注意や愚痴が多い母親の姿が視えます。そのため、お兄さんは心を開かないでいるのです。

ですから、今はそっとしておくのが良いかと思います。おつらいでしょうが、しばらくは様子を見たらいかがでしょうか」

その後、この方から手紙をいただきました。

自宅に帰って落ち着いて考えてみたところ、子ども時代のお兄さんのことで思い当たるシーンや言葉をいくつか思い出すことができたとのことです。


過去を変えることはできませんが、過去に潜んでいた問題の原因が分かれば、問題への対処の仕方、お兄さんへの接し方も変わってくるでしょう。そのように根本にある原因に気づけば、自ずと未来も変わってくるのです。

過去、現在、未来を視野に入れて問題の原因を探り当て、兄弟姉妹の絆を切らずにつないでいっていただきたいと思います。

親の介護

介護問題の深刻さは、介護される側もする側も、精神的にも体力的にも、大変な苦痛を伴うものと思います。介護される本人も、若いときは「私は介護される身にだけはなりたくない！」と思い、「年老いて寝たきりになってみんなに迷惑をかけるくらいなら、いっそぽっくりとこの世を旅立ちたい！」と考えていたことでしょう。しかし、そう思いつつも、現実は思うようにならずに介護をしてもらう側になることもあるわけです。

介護を上首尾にやり遂げられたご家族に話を聞いてみますと、家族のそれぞれが自分にできることは何かと知恵を絞って話し合い、役割分担を明確にして介護に当たったそうです。

長女は平日の朝と日曜の夜、長男は土曜の昼と夜、長男のお嫁さんは平日と土曜の昼など、お互いに都合のつく時間を調整して割り振りし、都合がつかないところは介護ヘルパーさんに頼んだそうです。これなどは、まさに家族ならではの連携プレーがうまくいった好例と言えるでしょう。

協力し合って介護ができれば、それぞれに余裕が持て、介護される側にもいい影響を与えますので、相互にいい関係が育まれるでしょう。

ただし、このような介護ができる家族は幸せなケースで、まだまだ少ないのが現状です。多くの場合は、ごく身近な人の肩に重く介護問題がのしかかってしまいがちです。

そのような介護でまず問題になるのは、介護する側にストレスが溜まりやすいという点です。

介護されるほうも、もっとも身近な家族に迷惑はかけたくないと思いつつも、身体がいうことをきかないことによる苛立《いらだ》ちで、心にもないことをつい言ってしまうこともあります。

そういったときに、介護する娘さんやお嫁さんも、最初は「はい、はい」と聞けていたのが、だんだんストレスが溜まってくるにしたがって怒鳴ってしまい、険悪な雰囲気になっていきます。

さらにエスカレートして、介護するほうが手をあげるような事態になると、介護というよりも修羅場。そんな深刻なケースも少なくないのです。

ここで、拝殿を訪れた方の一例を挙げてみます。

訪れたのは60代後半の女性でした。その方は、

「母をいじめ殺してしまいました……。私の罪を神様は許してくれますか⁉」

と、大声で泣き伏してしまいました。彼女が落ち着くのを待って話を聞いてみますと、親孝行をしなければと仕事も辞めて介護に専念したものの、母親は身体は動かないけれども意識はしっかりとしていて、口達者だったこともあり何をしても怒られ、怒鳴られていたそうです。

彼女自身も気性が荒く頑固だったために、いつしかふたりはいつもケンカをするようになり、排便の汚物が部屋中に投げつけられていたり、ついには母親を泣きながら引きずり回したりするほどエスカレートしていったそうです。

しかし、母親が亡くなって落ち着いてみると、「親孝行するつもりだったの

に……私は実の母親になんてことをしてしまったんだ……。実の母親に『死んだらとり憑《つ》いてやる！』とまで言わせてしまうなんて……。母親もストレスがたまって苦しかったのかもしれない。母親に謝りたい……」と日々、苦しみから逃れられず、夜も眠れなくなってしまったそうです。

これほどまでに苦しみながら介護をし、介護をされていたと思うと、胸がいっぱいになり涙があふれたものです。

介護の場合、ひとりで頑張るのも良いのでしょうが、介護認定を受けたあとは、ショートステイを利用するなど、専門分野への相談もお互いにとって良いことだと思います。

介護のことを考えるときに忘れて欲しくないことは、〝介護はされたくないと思いながらも、もしかしたら介護される側になり得る〟ということです。

つまり、過去、現在、未来までを含めた視点を持つことです。あなたが今、親を介護する姿を、あなたの子どもが見ています。それが、あなたの未来を作ることにもつながっていくのです。

老年期の心構え

〝アンチエイジング〟という言葉をよく耳にすると思います。これは、加齢による老化を抑えるといった意味を持つ言葉で、ことに美容や健康の分野では、様々な成分で肌の老化を食い止めるアンチエイジングをうたった美容液やサプリメントが続々と開発され、高い人気を得ています。

「いくつになっても、活き活きと美しくいたい」

「一歳でも若く見られたい」

というのは、偽らざる女性の本音だと思います。もちろん、私もひとりの女性として、おおいに同感いたします。

青森の拝殿を訪れる相談者のみならず、町中を歩いてみましても、みなさん、白髪をきれいにカラーリングしたり、明るい色のファッションで装っていらっしゃいます。また、散歩やダンスなどで身体の若さを保つ習慣を持つなど、様々な工夫をしているようです。それはそれでとてもいいことだと思います。

では、精神面を美しく保つ工夫はされているでしょうか。

人として生まれたからには、誰しも、〝老い〟という道は避けては通れません。一年経つごとに一歳、また一歳と、誰でも公平に年を取るわけですが、これは何をもってしても食い止めることはできません。

そして、年を重ねていくと、肌にシミやシワができてくるのはみなさんご承知でしょうが、身体だけでなく心も硬くなってしまいやすい傾向があることをご存知でしょうか。

心が硬くなると、考え方に柔軟性がなくなって、自分のやり方以外を認められなくなったり、人の言葉に耳を傾けられなくなったりします。つまり、簡単に言えば、頑固になってしまいやすいということです。

ですから、老年期が近づいてきたら、お肌や身体のお手入れをするように、心のストレッチにもしっかりと意識を向けてください。

お肌や身体と違って心は目に見えませんから、自分で意識していないと、それこそ、〝お手入れ不足〟であっても一向に気がつかない、ということもあります。

心のお手入れをするには、まず、知識を得て学ぶことをおすすめしたいと思います。いろいろなジャンルの本を読んだり、映画を観たり、また、興味のある方の講演会に行かれるのもいいでしょう。

これまで仕事や子育てに忙しく動き回っていた方も、ある程度の年齢に差しかかると自分の時間が持てるようになるはずですから、そういった時間を有効に使いながら、自分が楽しいと思う方向へ進むのも心を綺麗に保つ方法かと思います。また、これからの生きがいとなるような趣味などを新たに始めるのもいいでしょう。

硬くなりかけた心の畑を耕すようなつもりで、いろいろなことに目を向け実行してみてください。

また、年を取ると共に、経験値はどんどん高まっていきます。新たに知識を加えて判断力により磨きをかければ、周囲の人のよき相談役としての新たなお役目をも担っていけることでしょう。

心のストレッチを日々心がけて、誰に対しても素直に「ありがとう」と言える〝かわいいおばあちゃん〟を目指したいものです。

老年期を実り豊かな時期にする秘訣を悟り、年を重ねる日々の中、素直に〝美しく老いる〟ため、みなさんも一緒に努力し、前進していきませんか?

老年期を、心を硬く閉ざした〝頑固なおばあさん〟として過ごすか、みんなから愛される〝かわいいおばあちゃん〟として過ごすかは、今からの心がけ次第なのです。

第四章　母から娘へ語り継ぎたいこと

私が母から教えられたこと

ちょっと思い出してみてください。子ども時代に母親から教えられたことで、これまでずっと大切にしてきたものはありませんか？　子どものときには分からなかったその教えの奥深さに、大人になってから改めて気づいた、ということもあるのではないでしょうか。

また、大人になってから、妻や母になってから気づいたことや覚えたこともあるはずです。

そういった気づきや知恵、知識といったものを、将来、母親となる娘さんにしっかりと伝えていっていただきたいと思っています。

というのも、そういった気づきや知恵には、女性が幸せになるためのヒントがたくさん詰まっているからです。

ではまず、私が子どものときに母から教えられたことからお話しましょう。

すでにこの本でも触れましたが、私の母も霊能者として多くの方々のご相談にのり、本当に毎日忙しく過ごしていました。

母は明治生まれの芯の強いしっかりした女性でしたが、今こうして振り返ると、子育てにおいてもとても辛抱強かったように思います。

たとえば、私が何か間違ったことをしたときも、頭ごなしに「だめでしょ！」などと叱《しか》られたことは一度もありませんでした。母親に「座りなさい」と言われると、それが何を意味するのか、子ども心にも十分理解できたものです。そうして、「どうしてこんなことをしたの？」と聞かれ、子どもながらに緊張しながら理由を説明すると、「悪いと思っているの？」と聞かれ、「悪いと思っている」と言うと、「悪いと思っているならばそれでいい」と、話はそれで終わりです。

活字にすると淡々としていますが、そのときの母の我が子に対する慈しみの顔と、着物を着て正座をして私に話す威厳のある雰囲気には、シュンと小さくなって素直に話を聞く心境になったものです。

闇雲に叱るのではなく、きちんと子どもの言い分も聞き、教え諭すという方法で、母は私に物事の正しい理解の仕方、正しい判断力というものを覚えさせたのです。

実は私は、妊娠8ヵ月目という早産で生まれました。母は神様から「神が責任を持って育てるから大丈夫だ」と教えられていながらも、当時は8ヵ月で産まれた子は早死にするというジンクスがあったこともあり、また、霊能者である前にひとりの母親としての情や心配もあったのでしょう。私が聞いたことはなんでも教えてくれる母でした。

たとえば、好奇心旺盛な子どもだった私は、料理をする母の横で、「どうして小豆《あずき》がこんなにきれいなあんこになるの?」「お米がどうしておもちになるの?」と、興味のままにあれこれ尋ねましたが、母は忙しいはずなのにうるさがることもなく、慈しみながらひとつひとつていねいに教えてくれたものです。

あんなに忙しかった母なのにと、今思い出すと改めて驚いてしまいますが、このおかげで、私は昔の料理を母を通じて見よう見まねで覚えました。

また、言葉遣いや表現の仕方についてもたくさんのことを教えてもらったと思います。

特に、目上の人に対する言葉の表現には厳しいものがありました。たとえば、目上の人に対する返事は、決して「うん」と言ってはならない、必ず「はい」と言いなさいということは、折にふれては繰り返し指摘されていました。

日常の中で繰り返し教えてもらうことによって、目上の人を敬う心、素直な心、謙虚な心の持ち方というものを身につけることができました。とてもありがたいと思っています。

僻《ひが》んだものの考え方をしてはいけないよ、ということも、例を挙げて、まるで昔話を話して聞かせるように教えてくれたものです。

これは、私が実際に何かに僻んで注意されたのではなく、霊能者として多くの相談者と接する中、僻んだものの考え方をしていては人は決して幸せにはなれないということを母が深く悟り、それを私に教えてくれていたのでしょう。

また、相談者を始め大勢の人が訪ねてくる家だったこともあり、他人の家を訪れたときは、そこの家のガラスの前で身だしなみを整えてはいけないとか、訪問先の家を出たあとすぐに大きな笑い声を立ててはいけないということなども、母から教えられました。

ガラスの前で身だしなみを整えると、家の中から見られているかもしれません。また、家を出た途端に高笑いをしたとしたら、その家の人はどう感じるでしょうか。自分のことを笑ったんじゃないかと勘違いされることもあるということです。

このような細やかな気遣い、さらに、判断力や心の持ち方など、母からは本当に多くのことを学びました。母は無学で教育も十分に受けられなかったのですが、人との接触の中で苦労しながらひとつひとつ覚え、娘である私に教え伝えてくれたのでしょう。

無学であっても、人の振り見て我が振り直すことの大切さを教えてくれた母には、本当に感謝しています。

幼い頃から娘に伝えるべきこと

まず、子どもが幼い頃からしっかり教えてあげて欲しいことは、挨拶と礼儀作法についてです。当たり前のことだと思うでしょうが、こうしたことは当たり前すぎて逆に忘れてしまうことも多いのではないでしょうか。

挨拶については「おはよう」「こんにちは」「こんばんは」といった日常のものだけでなく、何かもらったときは「ありがとう」、悪いことをしたときは「ごめんなさい」。これは最低限のものだと思います。

お辞儀の仕方も、和室であれば正座をして、ちゃんと両手をついて挨拶するとか、洋間の場合でも、持っているものを横に置き、椅子から立ち上がってお辞儀をするなどは、当然と思っていても意外とできない人が多いものです。

たまに、ペコッと頭だけを下げてお辞儀をしたつもりになっている人を見かけますが、大変、見苦しいものです。こうしたことも小さな頃からの積み重ね。

習慣となれば、子どもが大人になってから、自然と身のこなし方に現れるのです。

反面、私は娘に対し、この仕事が忙しいために何も教えてやることができなかった〝ダメ親〟の見本みたいなものでした。心ではいろんなことを教えてあげたくても、何ひとつしてあげることができなかったのです。

「幼い頃から――」などと、とても活字にできる親ではなかったのですが、せめて若い方々が何かのお役に立ててくだされば、うれしく思います。

礼儀作法については、最近は特に日本の古き良き伝統というものが失われてきているように感じています。

たとえば、お年玉。目上の人からものを受け取るときに片手で受け取る人がいますが、これはとても失礼なことです。

お年玉をもらうときには両手で受け取って「ありがとうございます」というのは基本です。また、相手の方はお年玉をあげるつもりで来ているのですから、「いいです、いいです！」などと言って頑なに拒否するのも見苦しいことです。

素直な気持ちで受け取り、お礼を言う。そして、親はあとで何かの形で相手の方にお礼をする。こうした〝人間のおつき合い〟の意味を教え、素直に喜んで受け取るようにするのはとても大切なことで、子どもはそうしたことからおつき合いの意味を理解していくのです。

小さい頃から身につけたいものには、食事のマナーもあります。〝間違った箸《はし》使い〟というものもいろいろとありますから、特に綺麗なお箸の使い方はきちんと教えてあげて欲しいものです。

たとえば、お箸の先についた食べ物やソースなどをぺろぺろと舐める〝ねぶり箸〟。お箸を握って持つ〝握り箸〟。器をお箸で引き寄せたり移動させる〝寄せ箸〟。お料理をお箸で刺して食べる〝刺し箸〟。器の料理のどれを取るかを迷い、いったんつかんだものを放して、また別のものを取る〝迷い箸〟。お箸を噛む〝噛み箸〟などがありますが、これらはすべてマナー違反です。事あるごとに正してあげると、自然と覚えていくと思います。

また、和食の場合、ご飯茶わんやお椀はきちんと手で持って食べるということも、教えてあげたいマナーです。

当たり前のことばかりと思うでしょうが、つい先日も、このようなことがありました。

あるお嬢さんがお見合いをしたときの話です。有名大学を出て就職先の会社も一流企業というエリート。見た目もかわいらしい女性です。

そのお嬢さんがお見合いの会食の席で、食事中ずっと背中を丸めていたそうです。ご飯茶わんもお椀も手に持たず、テーブルの上に置いたまま片手で食べていたということです。

結婚を視野に入れている男性は上辺のかわいらしさよりも、生活を共にする妻としてふさわしいかどうか、という目で女性を見ますから、こんな品のない女性とは一緒に暮らせない、ということで断られたそうです。

箸使いや食器の扱い方などは、小さい頃から続けているとクセになり、大人になってからも、いざというときについ出てしまうもの。直そうと思ってもなかなか直せないものですから、小さい頃からきちんと教えてあげることが大切なのです。

それから、子どもが幼稚園でケンカをして帰ってきたようなとき、多くの親は勝ったと聞くと喜び、負けたと聞くと「どうして負けちゃったの！」と問い詰め、子どもの気持ちも考えずに大声を出したりしてしまうこともあるようです。

私もこの仕事をしていなかったら、そのような傾向になっていたのではと苦笑しております。勝ったからいいわけでも、負けたから悪いわけでもない。どういう状況でケンカになったのか、そういうときはどうするべきなのか、過去・現在・未来のたとえ話などをしながら、きちんと話して子どもに理解させることが大切だと思います。

子どもの未来のために、物事を正しく判断する力、人との接し方の基本というものを幼児の頃から教えてあげることは、母親としての大事な役割です。女性ならではの繊細な心遣いというものを、こういうところでも大いに発揮していただきたいものです。

また、子どもがひとりでお使いに行けるようになったら、お金の価値についいても教えてあげてください。

子どもがお使いから帰ってきたら、レシートとお釣りをしっかり受け取り、一緒にお釣りを確かめるなど、「親はしっかりと見ているよ」ということを分からせておくことは、未来の非行を防ぐ基礎ともなります。月々のお小遣いを与える場合も、その金額の範囲でやりくりをさせるといった方法で躾けるといいでしょう。

釣り銭が少額であった場合、お駄賃と称して子どもに渡してしまう親もいますが、これは好ましい躾ではないと思います。そういうことをしていると、子どもの心にお金に対するケジメというものがなかなか身につかなくなります。

私のところには、大学生や社会人になった子どもの借金のことで相談に見える親もたくさんいます。

そういう人は子どもが小さかったときに、自分のお財布ごと渡してお使いに行かせていたとか、お小遣いをあげていても、欲しいものがあると言われるたびにかわいいからと思って買い与えていたなど、お金の躾をしていない人が驚くほど多いのです。

　そのように小さい頃からお金に関してルーズな感覚が育ってしまうと、やがて困るのは子どもであり、そして親自身です。お金に対してルーズに育った子どもが作った借金の返済で苦しむ親の姿を、これまで何度も目にしてきました。

また、子どもは親が教える以上に目で見て覚えますので、自身の生活態度にも気を配る必要があると思います。

　たとえば、キッチンで立ったまま何かを食べたり、夏で暑いからといって家で裸同然のような格好をするとか、ソファに寝そべってテレビを見ながらお菓子をぼりぼり食べるといったことをしていると、いくら口で教えていても、子どもは必ず真似をします。つまり、だらしない生活習慣が身についてしまうのです。

　子どもには「やってはダメよ」と言っておきながら、自分がそのやってはいけないことをしていては、子どもは親の言うことを聞かず、逆にその真似をしてしまい、生活の緊張感さえ子どもは失っていくことになってしまうのです。

子どもが思春期と言われる年頃になってきた場合は、教え方にも工夫が必要になってきます。

娘さんがその年頃になると、生理のことや異性との交際のこと、将来のことなど、子どもに教えていくことの範囲も広がっていきますが、教え方を間違うと子どもの心に反発心が高まってきます。

「これをしてはだめ！　あれをしてはだめ！」と「ダメ！　ダメ！」ばかりのやり方は、親は教えているつもりでも、子どものほうは注意をされてばかり……と受け取ってしまうのです。

親としては、我が子のために女性として正しく生きる道など大切なことを教えているつもりでも、頭ごなしに押しつける言い方や命令形の口調になってしまっては、せっかくの教え、親の思いというものが娘さんの心に届かないのです。

子どもが反発ばかりするようなときは、果たして自分は子どもが理解できるような教え方をしているか、ということを省みてみるといいでしょう。子どもとの会話を通して、人生の先輩としての教えをしっかりと伝えていける母親になって欲しいものです。

〝育ちのよさ〟という言葉がありますが、これは裕福な家に生まれて何不自由なく豊かに暮らした人のことを言うのではなく、きちんとした躾を受けて育った人のことを指す言葉だと思います。

目上の人に正しい敬語を使えるとか、食事のマナーが身についているとか、礼儀正しく振る舞えるといったところに〝育ちのよさ〟というものがにじみ出るのです。

いわば、子どもの頃にしっかり躾けられたことは、子どもにとっては一生の財産にもなるものですから〝かわいいかわいい〟ばかりで曖昧《あいまい》にせず、大切なところはしっかりと教えて育てることが大切です。

そのような育て方は、我が子が将来、非行に走ることを防ぐことにつながります。なぜならば、生活の中にほどよい緊張感があり、しっかりした判断力を持った親の教えを守り育った子は、たとえ貧しい家庭や片親であっても、人への思いやりを知り、忍耐力も養われつつ育つからです。

嫁ぐ娘への言葉

やがて娘さんが大人になって結婚を考える年齢になったら、嫁ぐということは、相手の家の習わしや習慣になじまなければならないなどということを、一緒に語り合うのも必要なことだと思います。

もちろん、男女の仲ですから恋愛感情があるのは当然のことなのですが、結婚というのはひとつ屋根の下で共同生活を送っていきますから、〝好き〟だけではどうにもならないことがたくさん起こります。

食事の支度や後片づけ、掃除、洗濯に追われ、ご主人からも恋愛時代と比べると優しい言葉の数も減ります。子どもが産まれればトイレや汚れ物の世話など、恋愛時代のようにきれい事だけでなく、実生活の中でつらいこと、我慢し合うことなどいろいろあるわけですが、それらはすべて悲観的なことでもなく、結婚生活の中でひとつひとつ知識を得ることで、夫婦の結びつきが深くなっていきます。

しかし、独りよがりな生き方や、思いやりが不足していたりすると、〝離婚〟の二文字が浮かび上がってしまいます。

そのように、しっかりした判断ができていないと、そんな現実を前にして「こんなはずじゃなかった……」などという気持ちがわき上がってくることもあるでしょう。恋愛だけの気持ちでいては、幸せな関係を育んでいくのは大変難しいのです。夫婦ふたりが力を合わせ、また子どもたちとも協力しながら、幸せな家族を作っていくのです。

そんな、恋愛の楽しさとは一線を画す〝ケジメ〟というものが大切であることを結婚前にしっかり話し合うことが、我が娘の未来の幸せへと続きます。

また、最近は若いお嫁さんが子どもをご主人に預けて、友達と夜遅くまで遊んでいたり、飲みに行ったり、という話もこの拝殿でよく耳にします。

これは専業主婦でも共働きでも変わらずにある話のようですが、平日は子育てで自分が頑張ってるんだから、土日の子育てはご主人にしてもらってもいいだろうと判断して、独身時代のように遊ぶわけです。こういうときは、自分の勝手な判断で遊びに出るのではなく、きちっとご主人にお願いしてから行くことが必要かと思います。些細なことのようですが、こうするだけでもご主人の気持ちというものは違います。

ただ、頻繁に帰宅するのが遅かったり、毎週のように遊びに出歩くというのは、家庭を築く妻、そして母親としての自覚に欠けるのではと考えてしまうのは私だけでしょうか。

こういうことが積み重なると、娘さんの子ども（孫）、特に女の子がやがて中学や高校に入る年齢になると、平気で男の子の家に泊まりに行くようになるケースが多く見られます。

こうなってしまうと、いくら注意しても「ママもいつも遊び歩いてたじゃない」と言って、子どものほうはまったく聞く耳を持たなくなり、反発を繰り返す子どもになってしまいます。

つまり、こうした親の行動というものは、子どもに対して無意識のうちに口答えや夜遊びなど、だらしのない生活を教えていることになるのです。ですから、事前に子どもにも外に行く事情を説明し、後日「友人と楽しく会話できて幸せな時間だったわよ。ありがとうパパ、○○ちゃん」というように、友人の大切さや、家族が協力することの大切さ、会話の大切さを自然な会話の中で教えてあげてください。そうした環境の中で育った子どもは、〝人との和合・思いやり・忍耐〟といったことを自然と学べることになるのです。

子育てする娘へのアドバイス

我が娘が子どもを産むということは、お母さんにとっては孫ができることですから、双方共に喜びに満ちあふれることでしょう。産着《うぶぎ》を用意するなど、産まれ来る日を待ちわびながらいろいろな準備を楽しく進める親子もいるのではないでしょうか。

しかし、先ほども触れましたが、若い女性の中には、子どもを持つ心の準備ができないままに妊娠し、子どもを産むといったこともあるようです。

ことに、結婚前に家の中のことはほとんどやらず、わがまま放題で暮らしてきたような娘さんだと、子どもを産んだあとにも気持ちを切り替えられず、自分の思いどおりに時間を取れずにイラついたりし、子育てそのものも上手くできずに、育児放棄や虐待《ぎゃくたい》といったことに発展する場合もあります。

娘さんにそのような心配がない場合でも、初めての子育てでは、母乳をあげてもおむつを替えても一向に泣き止まないなど、何かと予想外のことが起こったり、育児書通りにはいかないなど、新米ママさんには心配の種が尽きないものです。

遠くに住んでいる場合や、娘さんが義父母と同居しているような場合は、電話やメールなどで良き相談役、良きアドバイザーとして子育てをバックアップしてあげることにより、母親になる娘さんとの親子の絆もより深まります。

やがて娘に子どもが生まれると、そのときから幼児教育が始まります。この時期にしっかりとした教育をできるかどうかで、その後の未来も大きく変わってくるでしょう。

そうした中で特に気をつけて欲しいのは、注意する場合などに「〝イタズラ〟は止めなさい！」と頭ごなしに言ってしまうことです。この言葉に私は疑問を感じています。

幼児にとっては、見るもの聞くことすべてが〝未知のこと〟ですから、その興味から触ったり、舐めたり、投げたり、いろいろなことをします。その興味からくる行動が、大人にしてみれば〝イタズラ〟と思ってしまうのかもしれませんが、それは知識不足からくる早とちりではないでしょうか。

このようなときは頭ごなしに叱るのではなく、ひとつひとつ教えてあげることが大切だと私は考えています。子どもが抱いている興味を満たしてあげるのです。私たち大人だって、知らなかったことや知らない土地に行くと、興味津々になります。それと同じなのです。

そういったことを考えますと、いくら幼くても親が真剣にやってはいけないことを話せば伝わりますし、子どもはしっかりと考え、覚えていきます。見ているものが珍しくて何かに触っているだけなのに「イタズラしちゃダメ！」と言われると、叱られたことに反応してそのときは止めますが、果たして相手を理解する力が芽生えていくでしょうか。

もし、子どもが何か失敗したり、やってはいけないことをしたときは、注意するより、まず「どうしたの？」と話を聞いてあげることが大切だと思います。

そして、子どもの言い分をしっかりと聞いてから〝どうしてやってはいけないのか〟〝どうすることが正しいのか〟といったことを子どもが理解できるような言葉で話して聞かせる。そういったことを根気よく繰り返して教え諭すことで、子どもは理解し、それはやがて大人になったときに大きな財産となっているのです。

教え諭すことがなぜ肝心なのかというと、拝殿で幼児期の躾がいかに大切かということを日々、神との会話の中で目の当たりにしているからです。幼児期に「だめ！」と叱られてばかりいた子どもは、やがて成長と共に親に反発したり、親の目の届かないところで悪いことをしたり、ほかの子をいじめるようになったり、しっかりした会話や行動ができずにいじめられたりすることがあります。

そういったことも含め、幼児期の段階でも〝教え諭す子育ての必要性〟を、娘さんに伝達して欲しいものです。

共働きの娘への助言

昨今の若い夫婦を見ていますと、共働き世帯の割合のほうが多いように思えます。

そこで、総務省が行っている共働き世帯の推移調査を見てみますと、バブル崩壊の辺りを境にして、夫のみが働いている世帯より、共働き世帯のほうが増えています。予想するに、女性が社会に出て働く仕組みが整えられてきたことが要因と考えられるかと思います。

もちろん、共働きといってもそれぞれの事情や状況は様々でしょう。

ご主人のお給料だけでも暮らしてはいけるけれど、より豊かな生活を求めて働く場合もあるでしょうし、もともと仕事が好きで、結婚してもなんとか時間をやりくりして働きたいという意欲的な女性もいます。

また、夫婦と子どもだけの核家族という家庭もあれば、二世帯住宅などでどちらかの両親が住んでいる場合や、同居しているケースもあります。

いずれにしても、共働きとなるとどうしても女性である妻のほうに負担がかかってしまう傾向にありますから、その点についても、結婚前からふたりで十分に話し合っておく必要があります。

最初は女性として出来る限り自分が家事を頑張ろうと、ご主人に家事をやらせたくないという妻心、あるいは、妻が働くことに夫がもともと賛成でなかったりすると、どうしても遠慮して無理をしがちになってしまうなど、初めのうちは小さな不満だったものが、やがて大きく膨らみ、それがもとでケンカが絶えなくなる場合もあります。

ことにひとり暮らしを経験したことのない男性にとっては、家事がどれほど大変なものかなかなか分かりません。定年退職をして家事を手伝うようになってやっと、「家事ってこんなにやることがあるのか……」と気づくという話をよく耳にします。こうしたことも、結婚生活を始める娘には話しておく必要がありますので、初めはゴミ出しやお風呂掃除など、ご主人が無理なくできそうな家事を上手にみつくろうなど、女性側が上手にリードしながら夫婦で家事の役割分担をしていかなくてはいけないということを、アドバイスしてあげるといいでしょう。

子どもがいる家庭なら、なおさら家事の分担は重要になります。妻が忙しく動く横で夫がふんぞり返っているより、夫婦で協力して立ち働く姿は、子どもが大人になってからもしっかりと心に残り、またその子自身も夫婦で協力することを覚えるでしょう。

もちろん、夫に家事を手伝ってもらったら、「ありがとう。助かるわ」と感謝の気持ちを伝えなければいけないということも教えてあげてください。

また、子どもとの接し方には共働きならではのコツがあります。

まずは、働いてるから疲れたとか、時間がないからといった理由で、ついつい叱るだけの子育てになったり、子どもとの会話が少なくなってしまったりする場合など、そういうときこそ知恵を使い、夫婦でよく話し合って家事を要領よくこなすことが大切です。

たとえば、毎日の食事に関して言えば、下準備は事前にやっておくとか、保存食を作り置きしておくとか、子どもに手伝ってもらいながら料理を教えたりといったことで負担を減らすことができると思います。

時間がない、時間がないとセカセカしていては、せっかくのリラックスの場である家庭の雰囲気が悪くなってしまい、それが家族全員の心の負担になってしまいます。そういった環境は、子どもにとっても、自分自身にとっても決して良い環境とは言えないでしょう。

また、外で働いていると、どうしても専業主婦をしているより子どもと接する時間が短くなってしまいます。そのような場合は、子どもの話を聞くときはしっかり集中するなど、一緒にいるときの密度を濃くすることが大切です。つまり、一緒にいる〝時間の長さ〟より、一緒にいるときに〝何を伝えられるか〟〝何を聞いてあげるべきか〟といったことが重要なのです。

子どもがひとりで食事をしなければいけないようなときは、自筆のメッセージを添えてあげるのも子どもにとってはうれしいものです。これは、「ママは自分のことを気にかけてくれているんだ」という安心感を子どもに感じさせてあげることができます。

それから、子どもが少し大きくなってくると、働いているために子どもと一緒にいてやれないという罪の意識から、わがままを大目に見たり、お小遣いを多めにあげるといった方もいますが、これは絶対にして欲しくないことです。

もちろん、その親心は十分に理解できるのですが、はたしてそれは本物の愛情と言えるのでしょうか。未来のことを思えば、決していい選択ではないはずです。心を伝えるスキンシップや会話など、子どもの精神を豊かに育てる家庭教育の大切さを伝えていかなければいけないと思います。

ご自分がこれまで大切にしてきた貴重な気づきや知恵を思い出し、娘さんにしっかり伝えてあげると、今度は、娘さんがやがて自分の娘にもそれを伝えていってくれることでしょう。

母から娘へ、さらに孫へと語り継いでいくことは、大切な子どもたちへ幸せの波動を大きく広げていくことでもあるのです。

第五章　幸せな未来を築くために

熟年婚、老年婚のススメ

２０１１年の東日本大震災以降、ご相談内容に少し変化があります。それは、40代後半や50代の独身の人たちが、「このまま一生、ひとりでは淋しい」というお悩みを訴えるようになったことです。

男女ともに、「たとえ子どもはもう作れなくても、一緒に生きる人が欲しいんです」という思いを告げる人がとても増えてきました。

第三章でも述べましたが、私は結婚はいくつでしてもいいと思っています。本心から結婚したいと望むのであれば、そのときを婚期ととらえ、伴侶を求めるのもすてきなことだと思っています。

年齢のことを気にする人が非常に多いのですが、私は、60代、70代、80代の人に対しても、おおいに恋愛も結婚もして欲しいと思っています。

それまでずっと独身でいた人、離婚してシングルの生活を続けてきた人はもちろんですが、私は、伴侶に先立たれてひとりになった人の再婚にも大賛成です。

60代、70代になってご主人に先立たれると、突然ひとり暮らしになります。40代や50代など、若くしてご主人を亡くされた場合は、子どもとまだ同居しているでしょうが、やがて子どもが巣立っていけばひとりになります。

もちろん、仲のいい女友達と食事に行ったり観劇やショッピングに行くなど、いつも寂しいというわけではないでしょう。しかし、友達と夫婦では、また違うものがあります。

ある程度の年齢になってからの結婚や再婚は、お互いに人生の試練をいくつも乗り越えてきていますので、互いを自然に労り合える落ち着きのある友達夫婦になれることが多いようです。

もちろん、中には「ひとりが気楽でいい」とおっしゃる女性もいますし、それはそれでなんら問題のないことだと思います。

その一方、再婚を子どもに反対されるケースもあります。もういい年なのに恥ずかしいからやめて欲しい、というような気持ちが子どもにはあるのかもしれません。または、自分の年老いた母親が突然、知らない男性と一緒になるということに、生理的嫌悪感を持ってしまう場合もあるのかもしれません。

そのように、結婚できない事情を抱えている方もいますが、そういう場合は、入籍しない事実婚や、恋愛のままでもいいのではないかと思います。そのようにして、日々、希望を持って過ごしている方にも、拝殿でよく出会うことがあります。

ご相談に見えた方に、「結婚という形をとらなくても、仲の良い友達のままおつき合いを続けていったらどうですか」とお伝えすると、「ああ、そういう方法もあるんですね」と驚かれることがあります。

40歳を過ぎた人を見ていると、おつき合いを続けたら結婚しなくてはならない、という観念に縛られている人が実に多いのですが、40歳を過ぎたからこそ、慎重におつき合いをされて、お互いが望むときこそ〝結婚〟を考えられたらいいと思います。

中年期以降の恋愛は、刺激や一時のときめきを求める若い頃の恋愛とは少し違います。優しく寄り添い合うだけ、一緒に過ごすだけで未来に希望が持てるような恋愛をすることができると思います。

入籍するか、入籍しないで同居する事実婚にするか、別居婚にするか、通い婚にするか、週末婚、あるいは、恋愛のままおつき合いを続けるか。それは、ふたりの事情に合わせて選べばいいわけです。

ですから、これからずっとひとりなんだわ……などと諦めたり萎縮せず、熟年世代、老年世代だからこそ可能な恋愛、結婚に目を向けてみてはいかがでしょうか。

また、伴侶を亡くされたのちにパートナーを得た方には、このような方もおります。

ともに70代の仲のいいご夫婦でしたが、奥さんのほうがガンにかかり、気づいたときにはすでに末期、もはや手術はできないという状態だったそうです。

奥さんのほうは、自分の命がもうすぐ尽きることを悟ったかのように、取り乱すこともなく過ごしていたそうですが、自分がこの世を去ることを考えたときに、まっ先に頭に浮かんだのは、残されるご主人のことです。

「あの人はひとりではやっていけないんじゃないか。私がいなくなったら、あの人はどうなってしまうのかしら……」

そのように気をもんでいたある日、ご近所で夫婦ともども仲良くしているひとり暮らしの50代の独身の女性の顔が脳裡《のうり》に浮かんだそうです。その女性は、奥さんがガンになって自宅で寝込むようになってからは、看病をしにたびたび家を訪ねてくれるような近しい間柄だったそうです。

「そうだ。あの人に、主人のことを頼んでみよう」

ご主人にも自分の考えを伝えたあと、その女性が家に来たときに、

「私が亡くなったら、主人の面倒を見てくれたらうれしいんだけど。考えてみてくれないかしら。子どもが3人いるから籍を入れるのは難しいと思う。でも、あの人は優しい人だから、あなたのことはちゃんと考えてくれると思うの。だから、もしよかったら、一緒に食事をしたり旅行に行くような間柄になってく

れないかしら」

と頼んだそうです。すると、その女性は意外な話にためらいつつも、控えめながら承諾してくれたそうです。

その後、間もなく奥さんは息を引き取ったそうですが、お葬式が終わったあと、旅立った奥さんが案じたとおり、ご主人はすっかり打ちひしがれていたそうです。その後も、子どものことを気にして、その女性との交際にもなかなか踏みきれなかったようです。

そんな日々の中、やがて奥さんが生前語っていたことを思い出し、その女性と会うようになったそうです。とは言え、一緒に外食したり旅行に行くといったおつき合いです。同居はせず、入籍もせず、ご主人が女性の家に行くこともありません。

ご主人は資産家でしたが、女性のほうも贅沢を望むわけでもなく、自分が死んだあとは実家のお墓に入るからと、入籍を迫るようなこともありません。そのように分をわきまえながら、お互いが希望を持っておつき合いする中、ご主人はひとつの生きがいを見つけたように笑顔まで見せられるようになりました。

ご主人も女性に貢ぎすぎるようなこともなく、また、お孫さんが大学に入学すればお祝いとして入学金を渡すなど、そのあたりの分別もきちっとしており、子どもに対しても、けじめや義理をしっかりと考え行動していたのです。

そんなある日、そのご主人の息子さんが、私のところに相談に見えました。お嫁さんから、なんとかおじいちゃんと女性を別れさせられないか、その方法を聞いてきて欲しいと頼まれて来たそうです。私はその息子さんに、

「あなたのお父さんはしっかりした判断力を持っている方です。あなた方３人の子どもにもちゃんとお金を残しているはずです。女性に貢ぐような心配はありません」

と言うと、息子さんはほっとした表情を浮かべて、

「そのほうが父も幸せなんですね。よく分かりました」

と、安心した様子で帰っていきました。

後日談としてその女性から聞いた話ですが、亡くなった奥さんは、子どもた

ちから反対された場合のことを考えて、子ども宛ての手紙をその女性に残していたそうです。

手渡された手紙と共に亡くなった奥さんの生前の筆跡を見せてもらうと、それは確かに奥さんの筆跡。その手紙には、

「私が亡くなったあと、お父さんには〇〇さんとおつき合いしてもらいます。これは、私がふたりにお願いしたものです。私の最後のお願いだと思って、ふたりのことを温かく見守ってあげてください。お願いします」

といった内容が書いてありました。

心を磨くレッスン

今の苦しみや悩みから抜け出すためには、自分の欠点や間違いに〝気づいて直す〟ことが大切であることを、私はこれまで機会あるごとにみなさんにお伝えしてまいりました。

ただし、この〝気づいて直す〟ということは、思った以上に難しい面があります。というのも、長年、無意識に良かれと思ってとってきた考え方や行動パターンというものの中に〝気づく〟べき欠点や間違いが潜んでいることが多いからです。

そのため、本書では女性ならではの特質や人生にスポットを当てて、気づきを深めていただくことをテーマに書き進めてまいりました。

女性として生まれた〝女性ならではの運命〟としっかり向き合うことが、今の苦しみや悩みの根源と言える悪いカルマを断ち切り、幸せの道へと向かうための助け、ヒントとなると考えたからです。

そして、ここではさらに一歩押し進め、気づきを得やすい生き方、〝心を磨く〟生き方についてお話したいと思います。

なぜなら、悪いカルマとは、言ってみれば心を曇らせている汚れのようなもの。心を磨く生き方を実践していくことでその汚れを落として欲しいのです。

心が清らかになれば、自分の欠点や間違いにも気づきやすくなります。

「私はこんなことに今まで気づけなかったのか」

「ここのところを私は間違えていたんだ」

といった気づきの瞬間が積み重なるほど、悪いカルマを解消することができるのはもちろん、新たなカルマを作ることもなくなっていきます。

そうなると、人生では避けて通れない苦しみの山も低くなり、乗り越えやすくなっていくわけです。

この〝心を磨く〟生き方をひと言で言うなら、学ぶ心を持って、日々、生活すること、と言えるでしょう。どんな場面からも学べることはありますが、こ

ここでは分かりやすく、5つのレッスンという形にまとめてご紹介したいと思います。その5つとは、

「心を磨く」5つのレッスン

1 幅広い知識を吸収する

2 素直な心を保つ

3 感性を磨く

4 聞き上手になる

5 内省する習慣をつける

このレッスンの効果を上げるには、一度にたくさん行うのではなく、日々、コツコツと実践することが一番のコツと言えるでしょう。

たとえば、大事な宝石を磨くときには、ゴシゴシ磨くのではなく優しくていねいに磨くように気を配ります。

心磨きもそれと同じなのです。心の曇りをきれいに拭《ぬぐ》い取るには、一度にゴシゴシたくさん磨くのではなく、少しずつていねいに磨くことが肝心なのです。そのようにして心を磨く生き方を日々、実践していくと、カルマの解消に役立つのはもちろん、人間的な魅力の幅を広げることにもなります。言い換えるなら、心を磨く生き方とは、40代、50代、60代、70代と年を重ねるごとに輝きを増す女性になるためのレッスンでもあるわけです。

では、５つのレッスンを順に説明していきましょう。

1　幅広い知識を吸収する

本書でもたびたびお話ししてきましたが、欠点に気づいて直すためには、まず、幅広い知識を得ることが重要だと私は考えています。

拝殿にいらした相談者にも「もっと知識を得ることが大切です」とお伝えす

ることがあります。ただ、中には知識のことを勘違いされる方もいます。

そのような人は「私は大学（あるいは大学院）を出ていますので、知識はたくさんあります」というようなことをおっしゃるのですが、私が言う知識とは、学校の勉強や学歴のことではなく、もっと幅広い知識のことです。自分の知らないことを、積極的に知ろうとする努力です。

たとえば、読書ひとつとっても、様々な本があります。小説でも古典文学の名著と言われるものから最新の話題作まで実にたくさんありますし、さらに伝記や詩歌、歴史の本、生き方や日々の暮らし方などを綴ったエッセイなど、ジャンルも様々あります。雑誌やパンフレット、カタログからもいろいろな知識を吸収できるはずですから、興味を持ったものをいろいろ読んでいただきたいと思います。

ほかにも、インターネットや人との会話からでも、最新の情報や知識を得ることができるでしょう。

また、映画やテレビドラマなどを見るだけでも、たくさんのことが学べるはずです。ただし、ストーリーを追って泣いたり笑ったりするだけでは、「面白かった」「つまらなかった」で終わってしまいます。

ただ見るのではなく、主役やほかの登場人物の立場に立って、「なぜ、あの人は失敗したのだろうか」「なぜ、あの人は嫌われてしまったのだろう」というようなことを考えたり、「なぜ、ふたりの心はすれ違ってしまったのか」「ふたりの関係を改善するためには、何をすればよかったのだろうか」「物語に続きがあるとしたら、あのふたりは今後、どうなっていくだろうか」などと、「なぜ？　どうして？　どうしたらよかったのかな？」のように、すべてが勉強ととらえて頭を使って見るクセをつけてみてください。

なぜなら、〝幅広い知識を吸収する〟レッスンは、知識や雑学を蓄えるためだけでなく、常識や良識、教養、人の心理を学ぶためのものでもあるからです。常識や教養を高めていけば、おのずと正しい判断力や理解力といったものを身につけることもできるのです。そうなると、ものの見方にも変化が出てきます。

そして、

「自分は今まで無知だった」

「自分の言動が原因でトラブルが起きていた」

「自己中心的なものの見方や考え方に問題があった」

「自分を常識ある人間だと思っていたけれど、非常識なことをしていた」

「自分のひがみ根性が、人を見る目を曇らせていた」

ということに思い至るなど、今まで気づけなかった原因がどこにあったのか、ということも理解できるようになってくるはずです。

まずは、楽しみながら知識を吸収することを目標に、図書館に行ってみるといったところから始めてみてはいかがでしょうか。

2 素直な心を保つ

〝素直な心を保つ〟レッスンと聞いたとき、「そんなのは簡単だわ」と思う人が多いのではないかと思います。でも、これが意外と難しいのです。

年を重ねるごとに、身体だけでなく心も硬くなってしまいやすいということは第四章でも触れましたが、これを分かりやすく言い換えるなら、素直さがなくなって我が強くなってしまいやすい、ということです。

つまり、素直であるためには〝我の強さ〟が邪魔になるのですが、我の強さというのは、長い年月をかけて徐々に身についてしまう〝心のクセ〟のようなものですから、そのために思った以上に気づきにくく、そこが厄介な点なのです。たとえば、年下の人から自分の間違いを指摘されたとき、すぐに素直に認めることができるでしょうか。

年下の相手より自分のほうが経験が豊富ですから、口には出さないとしても「私のほうが正しいはず。間違っているのはあなたのほうじゃないのかしら」と思う人が多いのではないかと思います。

こういった自負や見栄、プライド、こだわりといったものが、〝我の強さ〟の正体。素直さを遠ざける要因なのです。高すぎるプライドが自分の間違いを認めることを許さないのです。

ですから、〝素直な心を保つ〟ためには、まず、余分なプライドは脇において、ありのままの自分を認めること。そして、自分をよく見せようとしたり、無理にとりつくろおうとしないことです。

そして、間違いに気づいたら、「ごめんなさい」と言い、分からないことがあったら素直に「分からないから教えてください」と言うことが大切なのです。

誰かと話しているとき、分からないことを「分からない」と言うことが恥ずかしいと思う方は多いと思いますが、〝聞くは一時の恥。聞かぬは一生の恥〟。私は、この言葉をとても大切にしております。

たとえば、自分より10歳も20歳も年上の女性から、

「これはどうすればいいのかしら。教えてくれない？」

と聞かれたらどう思うでしょうか？

「こんなことも知らないなんて」とは思わないはずです。「なんて素直な女性なのだろう」と思うのではないでしょうか。

あるいは、あなたがその女性の間違いに気づき、「それは違うと思います

よ。こうするのが正しいのではないでしょうか？」と話しかけたときに、「あら、ありがとう」と、その女性が言ったとしたら、「なんて素直でかわいい女性なんだろう」と感じはしませんか？

ほかの人に置き換えて考えてみれば、間違えることは恥ずかしいことではなく、逆に妙な意地を張って間違いを認めないことのほうが恥ずかしいことだ、ということがよく分かるはずです。

人は誰でも間違えることがあります。いくつになっても失敗することがあります。要は、そのときどうするか、というのが肝心なのです。

そして、この素直さは、周囲の人にもいい影響を及ぼします。

あなたが素直な心を保つレッスンを繰り返して、ご主人に対しても素直に「ありがとう」と言えるようになれば、ご主人も何かあったときに「ありがとう」と言ってくれるようになるでしょう。そして、そんなふたりのやりとりを聞いている子どもやお孫さんも「ありがとう」を素直に言える子どもに育っていくはずです。

つまり、日々あなたが素直さを心がけるということは、周囲に笑顔を増やしていくことでもあるわけです。

3　感性を磨く

〝感性を磨く〟ことも気づきを得るためにはとても大切なことです。

なぜなら、感性を磨くと感受性が高まり、相手の細やかな心遣いに気がついたり、相手の寂しさ、苦しさ、悲しさ、つらさ、侘びしさといったものにもより深く共感できるようにもなるからです。

また、相手の心の奥にある気持ちを理解することができれば、今までは許せなかったことも許せるようになるのではないかと思います。

たとえば、相手が言った厳しい言葉が、実は自分のためを思っての苦言であることが理解できるようになれば、以前は同じ言葉に「うるさい人だ」「意地悪で嫌な人だわ」と感じていたのが、「私のために言いにくいことを言ってくれて、ありがとう」という気持ちが自然に湧き上がってくるようにもなるでしょう。

あるいは、親切に接した相手から素っ気ない態度や言葉しか返ってこなかったとしましょう。そのようなとき、もしかすると、その人は家族のことで深い悩みを抱えているかもしれないのです。相手のなにげない表情や言葉から、何か困ったことがあるのではないか、といったことを察してあげることができれば、今しばらくはそっとしておいてあげる、といった細やかな対応もできるようになるはずです。

そういうことができるようになると、人との情のやりとりというものも濃くなっていくわけです。

発想や考え方に奥行きが出ますから、物事を見る目も鋭くなり、本や映画、絵画などを観ても、今までよりもより深いところまで読み取ることができるようにもなるでしょう。

そんな〝感性を磨く〟レッスンには、五感を刺激することをおすすめしたいと思います。

五感とは、視覚、聴覚、触覚、味覚、臭覚を指しますが、具体的に言うと、美しい景色や絵画を見たり、好きな曲や耳に心地よい音を聞くことがレッスンになるでしょう。

ほかにも、自然豊かな場所を歩く、演奏会やコンサートに出かける、お香やアロマをたいたり、好きな花を飾って香りを楽しむ、おいしい料理を味わう、ガーデニングをする、ペットなどと触れ合う、といったこともいいでしょう。

季節を感じられる近くの公園をゆっくり散歩したり、五感を刺激するような趣味を新たに始めてみるのもいいと思います。

4　聞き上手になる

人間関係のトラブルや悩みには、コミュニケーションに問題が潜んでいることがよくあります。

たとえば、嫁姑問題で多いのはコミュニケーション不足ですし、夫婦であれば、「相手は分かっているはず」と勝手に解釈して、自分の気持ちをきちんと相手に伝えないことが不仲の原因になることがあります。

そのような問題を減らすためにはコミュニケーション力を上げることが必要になるわけですが、そのためには〝聞き上手になる〟ことを目指すのが近道だと私は考えています。

私は拝殿でみなさんのご相談を受けていますが、神様からの言葉をお伝えすることが目的であるのに、私の話を最後まで聞かない人がいます。

私が話し始めると「それはこうで、ああで」と自分の言いたいことを言い始め、私が話すのを止めても話すのを止めません。そこで、「私は今、回答しているので話を聞いてください」と言うのですが馬耳東風。とうとう厳しく言うと「怒鳴った！　罵倒した！」となってしまい、会話にならず困ってしまうのです。

このように、人の話の腰を折ってしまう人は、相手の話を聞いている最中に、

「自分は次に何を言おうか」ということを考えてしまっており、〝話を聞く〟ということを忘れているのです。会話というのは、お互いに話をきちんと聞き合わなければ成立しません。正しい会話には〝話をする側〟と〝話を聞く側〟があるということを理解していないのです。

これでは、〝神に聞きに来る〟のではなく、自分の感情を表現するだけで、私が伝えるメッセージが伝わりません。ですからまずは、人の話を最後までじっくり聞く、ということから始めてみてください。

相手の目を見ながら相手の言葉にじっくりと耳を傾け、時に相槌を打ちながら相手の言いたいことをしっかりと理解する。それから、自分の意見を話す、というのが会話の基本です。〝会話〟とは独り言ではなく、〝相手があって話す言葉〟ということを、改めて認識するべきです。

ご主人やご両親、子どもなど、特に身近な人に対しては、じっくり話を聞くということが疎《おろそ》かになりがちですので、会話の大切さを心がけるべきです。そういった小さな努力の積み重ねで、お互いの誤解に気づくといったこともあるのではないかと思います。

また、〝聞き上手になる〟レッスンは、会話上手の人から、会話術を学ぶことも含んでいます。

「この人は話が上手だな」と思う人がいたら、どうぞ、その人の真似をしてみてください。上手と感じる話し方、話題の深め方、相手への配慮、間の取り方など、いろいろ学べることがあるはずです。

その反対に、会話ベタの人の特徴もよく理解できてくるはずです。たとえば、

・思いつくままにだらだら話をするので要点がつかめない。
・話題が急に飛ぶのでついていけない。
・主語を抜いて話すので、誰のことを言っているのか分からない。
・年配の女性が自分の〝兄〟のことを〝うちの長男〟と呼ぶなど、その家族の中でしか通用しない言葉で話すので意味が理解できない（自分の兄は「私の兄」。自分の子どもは「私の長男」）。

・昔の話と最近の話を同じように話すので全体の話が見えない。

などといったことを相手の会話から感じたら、そのような話し方をしないように気をつけていき、ひとつひとつ知識を得ていくと、きっといつしかしっかりした会話上手の人間になっていくことができると思います。

5　内省する習慣をつける

〝内省〟というのは、その文字のとおり、自分の内側を見て、自分自身の考えや行動などを深く省みることです。

つまり、〝内省する習慣をつける〟レッスンというのは、問題やトラブルが生じたときに、感情的になってしまう前にいったん落ち着いて、自分の態度や言動に間違いがなかったかどうか、と反省してみる習慣をつけるということです。

誰でもそうですが、人というのは自分の欠点や間違いはなかなか見えないのですが、他人の欠点や間違いにはすぐに目がいきます。そのため、何か問題が生じると、自分に非があるのではないかと考えるより前に、相手のせいにしてしまいやすいのです。

言い換えるなら、自分のことは棚に上げて、相手の欠点や落ち度ばかりを批判してしまいやすいということです。だからこそ、深く内省する習慣をつけていただきたいのです。

そのように日々、事あるごとに内省する習慣をつけると、今まで気づけなかった自分の欠点や誤りなどに、徐々に気づいていけるようになるはずです。

たとえば、ご主人や子どもに対する期待や要求が大き過ぎて、自分が無理な注文をつけていることに気づくこともあるでしょう。

また、相手への礼儀や感謝が欠けていたためにトラブルが生じていたことに気づくこともあるかもしれません。

仕事がうまくいかない原因が自分の甘い考えにあることに気づいたり、友人と不仲になったりしたのは、自分の軽率な言動に原因があったことに気がつくこともあるでしょう。

そして、そのようなことに気づいたら、謙虚に反省して、改めていけばいいのです。そのようにして気づいて直すをひとつひとつ積み重ねていくことが、人生の幸せを盤石なものにしていく力となるのです。

この〝内省〟を、トラブルが生じたときだけでなく、誰かの態度や言葉を好ましくないと感じたときにも、我が身の立場と考え、ひとつの学びとしてみてください。

つまり、他人の好ましくない言動を見たら、腹を立てたり非難する前に、自分も他人に対して同じようなことをしていないだろうかと省みて欲しいのです。いわば、〝人の振り見て我が振り直せ〟の実践です。他人の言動を内省する材料にしていけば、その分、気づくことも格段と増えていくはずです。

さらに、内省を一歩、押し進め、自分の心を深く見るということにも挑戦していただきたいと思います。

たとえば、誰かの言葉でイライラしたり、腹が立ったりしたときは、ただ、むしゃくしゃするだけで終わらせずに、もう一歩深く、「腹が立った原因はなんなのか」と、自分の心の奥を見ていただきたいのです。

そのようにすると、腹が立った真の原因が見えてくるはずです。たとえば、「人前で自分の意見に反対され、プライドが傷つけられたから腹が立った」「自分の意見が間違っていたことに気づき、それが恥ずかしくて腹が立った」「自分の意見が間違っていたことを認めるのが悔しくて腹が立った」など、〝腹を立てた〟というひとつのことを取り上げても、原因は様々なのです。

また、女友達と一緒に過ごしているときに「つまらない」とか「寂しい」と感じたら、そういうときも、「なぜ自分はそのように感じるのだろうか」と、自己分析をしてみてください。

もしかすると、ここのところ女友達との集まりが多くて、興味のない会話や友達の自慢話に無理に話を合わせて疲れ切っている自分の心が原因かもしれません。そう気づいたら、数回に一度はお誘いを断り、ひとりで図書館や書店に行ったり、ウィンドウショッピングをしたり、散歩をしたりしてみるのもいいでしょう。

そのようにすると、たまにはひとりで過ごす時間を持つことなどで気持ちが落ち着き、心がイキイキできるということに気がつくかもしれません。

なぜ、私がこのようなことを言うのかといいますと、〝自分を知る〟ということは非常に大切なことだからです。

〝自分を知る〟というのは、欠点だけでなく、長所、思いグセ、価値観、得意なこと、魅力、不得意なこと、苦手なこと、好きなこと、嫌いなことなどをきちんと把握《はあく》するということです。

自分を知っている女性は、気づいて直すことが早くできますし、他人と自分をいたずらに比べて落ち込んだり、ひがんだり、人を羨んだり、嫉《そね》んだりといったことがありません。

また、自分を少しでもよく見せようと無理をしたり、見栄を張ったり、いい人を演じることもないはずです。

そうなると、問題自体も少なくなっていきますし、たとえトラブルや困難が起きても、慌てることなく落ち着いた心を持って乗り越えることが早くできるようになるのです。

さて、〝心を磨く5つのレッスン〟をお伝えしてきましたが、「どれも思ったよりも簡単だな」と思った人や、逆に「分かってはいるけど、実際は大変そうだな……」と思った人など、受け取り方は様々でしょう。でも、やるかやらないかでは、未来において大きな違いが出てきます。

日々、努力を積み重ねていくことで、きっとより良い方向へ前進していけるはずです。

心を成熟させる

これまで出版してきた本の中でも繰り返し述べてきたことですが、〝人生とは修業の場〟です。

何度も生まれ変わりを続ける輪廻転生の中、前世において自らが犯した間違った行いや思いなどに気づき、ひとつひとつ直していくことが、この世に生を受けた者の定めであり目的ですから、生きていくうえで苦しいこと、つらいこと、悲しいことがあって当たり前なのです。

ですから、誰の人生にも試練があります。その形は様々ですが、つらい出来事に遭うのは、あなたひとりではないのです。

そして、人生そのものが修業の場ですから、60歳になったら、70歳、80歳になったら修業は終わり、ということはありません。死ぬまで修業は続くわけです。

でも、だからといって人生は不幸の連続である、と解釈するのは間違いです。なぜなら、巡り来る試練をどうとらえるかは、その人の思い方次第であるからです。

さらに言うなら、そもそも試練とは、その人を不幸に落とすために訪れるものではなく、その人が背負っているカルマ（前世を含めた過去の行いや言葉の過ち）に気づかせるためのもの。言い換えるなら、その人を幸せな方向へと導く幸福の種のようなものとも言えるのです。

とは言え、それは小さな種。その種から幸せの花を咲かせるには、その人の心の土壌というものが問われます。心が良いものであれば、〝幸せの種〟を発芽させることができるのです。

私のところには、試練がもたらす様々なお悩みを抱えた人たちが全国各地から訪れます。

拝殿の前で大粒の涙を流し、肩を震わせながら苦しみを語る人、長年、心の奥深くにしまい込んできた悩みをふり絞るようにして、言葉少ないながらも切々と語る人、あるいは、ヒステリックなほどに泣き叫びながら自分のつらい現状を訴える人。

また、子どもの不登校やニート、借金問題、非行、嫁姑間のいさかいや職場などでの人間関係のトラブル、夫婦不和や離婚問題など、訪れる方々の相談内容も相談の仕方も千差万別です。

そのような相談者と向かい合うという役目をしていて私が痛感するのは、試練の深刻さとその人が感じる不幸の度合いは一致しないということです。

さらに言えば、試練を幸せにつなげるためには、心の土壌をいかに耕し（知識を得ること）、育て（努力すること）、成熟させるかが非常に大切なことなのだ、ということです。

というのも、「お姑さんに注意されてばかりいる」、「職場の昇級試験に3度も落ちてしまった」というような悩みを抱えて、もうこの世の終わりとばかりに嘆き苦しむ人がいる一方、生まれつき身体的なハンデを負いながらも、それを自らの宿命とまっすぐに受け止め、自分が果たすべき役目を前向きに模索する方もいるからです。

ここで、ひとつの例として、5年ほど前にご相談にいらした、ひとりの女性の話をしたいと思います。

その方は30代半ば。生まれつきの病気のために頭髪が薄く、ほぼ全盲とのことでした。

その女性は、そのようなハンデがあっても天を少しも恨まず、このような言葉を言われたのです。

「私は目が見えないせいで、多くのことを学ばせてもらいました。カルマのことも勉強しています。

今、私は多くの人の助けがあるお陰で生きています。このような私がみなさんのお役に立つためには、どのようなことをするのがいいのでしょうか」

彼女の言葉に、私は思わず頭が下がりました。そして、これまで彼女が歩んできた人生を思うと胸がいっぱいになり、涙があふれそうになる気持ちを必死でこらえました。私の言葉に真剣に聞き入る彼女の凛とした姿を、今でも鮮明に覚えております。

今ある現状を不幸ととらえるか否かは、その人の心次第なのです。

心が成熟していなければ、今ある幸せにも気づけませんし、また、真の幸福を手にすることもできないのです。

ただし、心を育てるには、一朝一夕というわけにはいきません。だからこそ、私は、毎日の暮らしの中で心を育てることに目を向けていただきたいのです。

身体のほうは年とともに衰えますので、年々、鍛えることは難しくなりますが、心は違います。たとえいくつになっても、ほんの小さな心がけ次第で、いくらでも変えていけるのです。

知識を得たり、知恵を働かせながら心を豊かに成熟させていけば、目の前にある当たり前のことにも、今よりももっと幸せや感謝の念を向けることができるでしょう。また、自分の欠点に気づいたり、間違いを直していくことも容易になるはずです。

おわりに

自分の欠点や間違いに気づいて直すということは、時として、見たくなかった自分の一面を直視することでもあります。

ですから、自分の欠点に気づくためには、自分に対する厳しい目、自分の過ちを認める素直な心、自分を客観的に見る冷静な視点というものが、どうしても欠かせないわけです。

実は、気づいて直すことを難しくしている大きな原因はここにあるのですが、この壁を乗り越えるためには、やはり知識がものを言います。知識を得ることで正しい判断力や理解力を身につけることが役に立つのです。

また、「良薬は口に苦し」という言葉がありますが、神様が伝える真意というものも薬と同じように、〝気づいて直せば幸せになれる〟のですが、時として人によっては厳しく聞こえることがあります。

しかし、〝自分へのほめ言葉〟は喜んで受け入れても、〝欠点〟を指摘されると、たとえその言語が幸せの道へのパスポートであっても、その必要性を考えることもなく受け入れられない場合が多いようで、「素直に受け入れられない欠点は直せない」ということにつながってしまうのです。

ある日、50代の女性が結婚したい相手との相性を知りたいということでお見えになりました。神様が私に伝えた答えは、「この人物が家事炊事を一切しないことに相手が腹を立てるために、この結婚は離婚が視える」というものでした。ところが、その女性はこの答えが不服だったのでしょう。自分の思ったとおりの答えを得られなかったために、一緒に来ていた同行者と待合室で騒ぎ、挙句の果てにはインターネットに公開すると言い出しました。なんとしても「その相手と結婚しても良い」という言葉が聞きたかったのです。

しかし、これでは悪いカルマを増やすだけです。〝思いどおりにならないと許せない心〟が、ひとつのカルマを乗り越えることを阻んでしまっているのです。

人生は今この瞬間だけではなく、未来へ続いています。ご縁のない相手と無理に結婚しても、幸せは束の間。やがて苦悶の日々が訪れるだけです。

つまり、真の幸福に至る道を歩むためには、心を磨き、魂を清め、精神的に成長することが必要不可欠なのです。

自分の心と真摯《しんし》に向き合い、「ここを改めなければ」という間違いや欠点に気づいたら、ひとつひとつ直していく。そういった地道な努力を積み重ねることに、幸せへの階段を一段また一段と登っていけるのです。

本書では女性向けに話を進めてきましたが、これにも大きな理由があります。一家の大黒柱はご主人であっても、家庭作りの中心は女性ですし、子育てもやはり母親がメインになることが多いのではと思います。

つまり、ひとりの女性が〝気づいて直す〟生き方に目覚めれば、夫や子ども、家族、さらに友達、知人、親類など、多くの人にいい影響がもたらされるのです。それが、自分の幸せの輪を広げていくことになると考えています。

ひとりでも多くの方が幸せをつかむことを、心から願ってやみません。

木村藤子

母であるあなたに気づいてほしいこと

著　者　木村藤子

発行人　伊藤 仁
編集人　小田切英史
発行所　株式会社 主婦と生活社
〒104-8357 東京都中央区京橋 3-5-7
編集部 TEL03-3563-5194
販売部 TEL03-3563-5121
生産部 TEL03-3563-5125
印刷所　太陽印刷工業株式会社
製本所　株式会社若林製本工場
ISBN978-4-391-14247-1